传统杨式太极拳
108式精要·筑基进阶

李亚萍 著

人民体育出版社

先哲遗训书赠
亚萍贤契共勉

学而不思则罔
思而不学则殆

方宁于广州
二〇一六年岁次庚申

方宁先生题词

如蚕涌动
似虎漫步

丙申年初冬
马继科书于京华

马继科先生题字《如蚕涌动，似虎漫步》

2016年部分华园会员在太庙前合影

方宁先生拳照

曹彦章先生拳照

作者和师父方宁先生

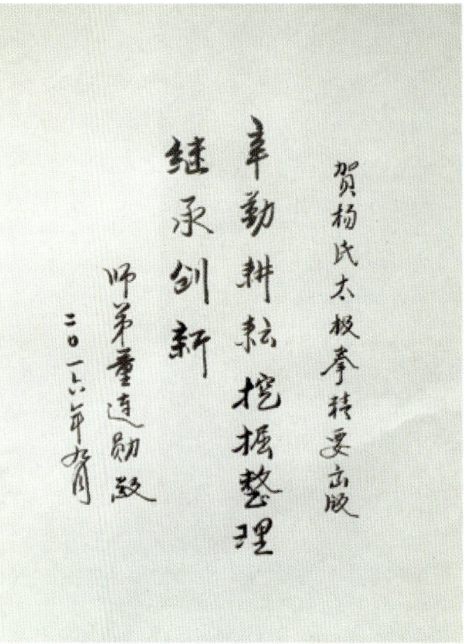

贺杨氏太极拳精要出版

传承太极耕耘不辍
潜心编著阐发真谛

师弟刘喜 丙申冬敬

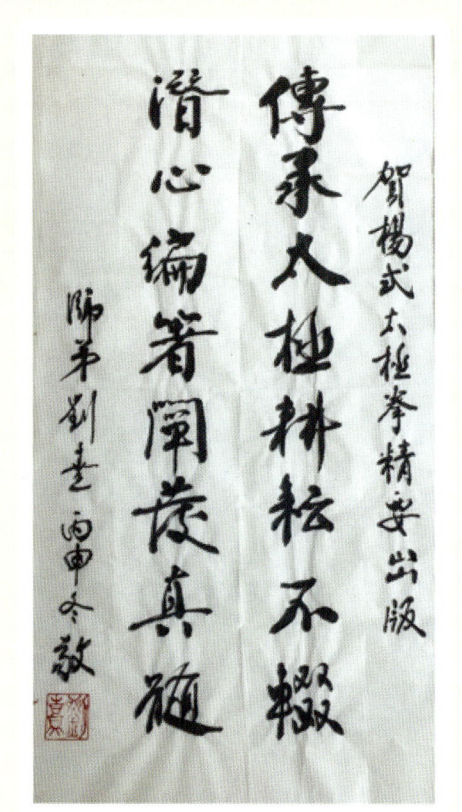

华园顾问刘熹先生贺词

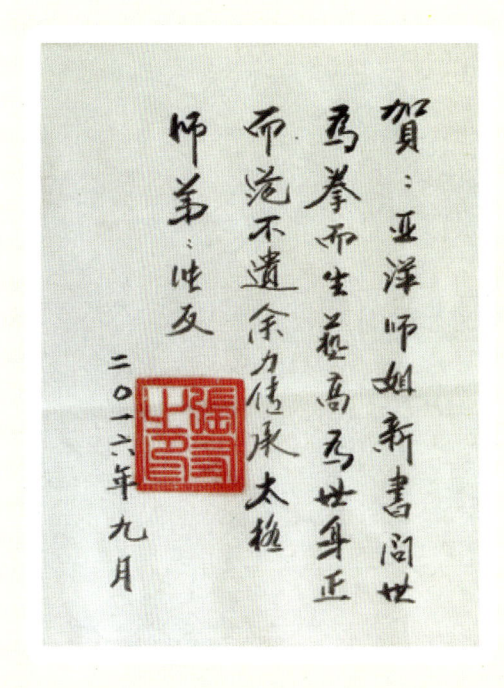

贺杨氏太极拳精要出版

辛勤耕耘 挖掘整理
继承创新

师弟董连勋敬
二〇一六年春

华园顾问董连勋先生贺词

祝师姐杨氏太极拳精要出版

精研太极真谛
立志太极传承

师妹张玉平敬贺 丙申冬

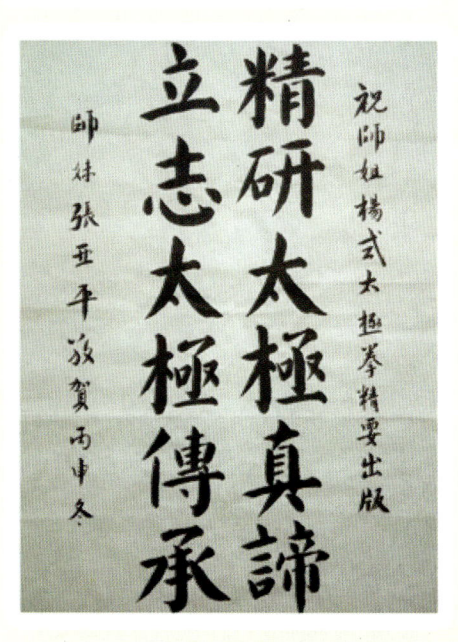

华园秘书长张亚平先生贺词

贺：亚洋师姐新书问世

为拳而生 艺高为世所正
而淹不遗余力传承太极

师弟：张友
二〇一六年九月

华园主任张友先生贺词

序 一

汤善福

奇花，一种只有华夏文化沃土上才可产生的异常绚丽的"奇花"——太极拳术，在伟大的哲学家老子（李耳）的"道法自然"的营养下，终于在宋末时由道人张三丰成熟于武当山，尔后传于民间，又由陈家传于杨家，从杨家传于宫廷，经过了宫廷文化的洗礼，再传到民间。

崔毅士先生是杨澄甫的高徒，20世纪50年代后随着新中国的成立，完全适应国家的需要、为人民造福的宗旨，曾热心地亲传给一些将帅以及重要友好国家的使者等领导人，并在北京中山公园设拳场教普通百姓习练杨式太极拳。但就是这样一位最能代表杨澄甫的杨拳北派领军人物，在"文化大革命"中却饱受了抄家等迫害。

由于"文化大革命"中"打倒学阀权威"的政策，其主体功夫又隐到民间。拨乱反正后，崔毅士先生之女崔秀辰及其孙崔仲三、外孙张勇涛乘风而上，大力发展；山西以杨振铎为帅，在一位很有见识的地方官员崔彦彬先生的努力下，快速地普及至世界许多地方。之后，上海有马岳梁的吴式、武贵川的武式和杨式太极拳传承人傅钟文及其子孙、四川李雅轩系陈龙骧等，以及西安赵斌系，都做得很有成效（另有些门派因本人不熟悉，在此免加妄谈）。

在大普及中，不可忽视的是邯郸杨澄甫二子杨振基及其夫人裴秀荣，为确保杨家拳的不被误传做了大量工作，并附书《杨澄甫式太极拳》以比较。目前尚健在、年近90高龄的裴秀荣老人，仍在努力为保全传统而亲自教导。

在崔传杨式太极拳传人中，从体（健身）到用（技击）不愧称之为大师的方宁先生，在理论上有里程碑式的专著《谈太极拳功夫——论太极拳十成功夫次第》等佳作；在技击功夫上已达到了无圈的功力，使强力者未觉其动而腾空跌出，捍卫了杨拳的尊严。

要理解"太极"二字，实在不易，其深奥之处确实不容易说清楚。对待上乘功夫的无圈，不能以力和手法的思维去想象，即使现在的力学知识，也未必够用。好在武术以武为要，真伪在交手中即可见分晓。

本书正是李亚萍先生为了正宗拳术后续人才的修炼、筑基而作的专著。

李亚萍师从崔毅士名徒曹彦章先生，并得到崔毅士的名徒黄永德先生及白庆斋的高徒徐长洪先生的诸多指教。曹师过世后，亦拜了方宁大师，受益匪浅。二十余年来倾心研究，刻苦修炼。李亚萍的特点是从不固步自封，而是不耻下问；从不张扬虚妄，而是求真求实；从不标新立异，而是循规蹈矩。由于她的虚心、质朴、稳健、开朗，其拳架特征也质朴、大方、规范。她培养了一批如此特征的新秀，给正宗太极拳的发展做出了贡献；参加过多种、多次大型武术表演、交流活动及国庆大典；她是北京武术院华园武术培训中心的主任，领军华园精英做过许多大型活动及中日韩等国际交流，华园在她的主持下日益发展壮大，颇得好评。

这部书的诞生，在目前发展太极拳的绝佳时机中，能给求学者提供帮助，尤其是对于杨澄甫先师所提示的十大要领的理解和阐述是很有益处的。

2016年10月16日

序 二

功在传承　志系发展

王蓓

　　中华武术博大精深。太极拳起源，已是不可考的久远事情。细观武当、道家所习练拳架的动态，其中的连绵、松静贯穿于演练者的举手投足间。尤其从招式的运行、走向、手眼身法中若隐若现的内功，便可推断，道家的拳与太极拳的传承存在着某种演变的渊源。其时间跨度绝不止是有确切文字记载至今的二三百年。太极拳的拳功拳理贯穿着《易经》阐发的中华最早最朴素的辩证原理，把武术同悠远的历史文化融成一体，是闪烁着璀璨光芒的国粹瑰宝。

　　太极拳自有文字记载以来，确已具有二百年以上的历史。18世纪中叶，还只在河南温县赵堡、陈家沟等村落中流传。自杨露禅、武禹襄在清朝道光咸丰年间将太极拳广为教习以后，太极拳开始进入了一个广泛传播、广泛普及的阶段。太极拳的文化底蕴极其深厚。我们的先祖留下的典籍《易经》中论述："无极生两仪，两仪生四象，四象生八卦。"太极运动以身心合一的动态语言，诠释《周易》中的无极、两仪、四象、八卦等我国传统文化精髓，饱含深刻的哲学思想——即天地万物在相依相生中体现出的一元生万象、万象终归一的辩证关系。

经杨露禅等先辈和他们传人的辛勤努力，太极拳具备了既有理论指导，又有教学内容符合时代要求的传授方式。于是，太极拳传播到北京等通都大邑，并为随后的大发展奠定了良好的基础。

杨式太极拳在19世纪中叶走向社会后，百多年来，在与各派太极拳并存、交流、共荣的同时，历经千锤百炼，以她独有的不猛不硬、遂顺圆活的运动特点，技击和健身的双重功用，具备了最大范围的群众性和普及性。

近年来，更多热爱体育健身的人选择了太极拳，从城市到乡村、从国内到国外，太极拳的普及速度、范围，形成史上前所未有的高潮，以风行世界之势走进当代。杨式太极拳在各派各式太极拳之中受众最多、传播最广泛。近年来，追本溯源，探寻传统，成为众多太极爱好者的新时尚。

我的师父、杨式太极拳第五代传人曹彦章先生，积半生学拳、练拳、教拳、组织社会交流竞赛活动的丰富经历，一直心怀将传统杨式太极拳的经典功理、拳法和技艺整理纪录撰写成书的愿望，盼望将传统杨式太极拳、剑、刀等内容整理成书，以飨后世热爱太极拳的有识之士。

师父在离世前的两三年里，将自己珍藏的老一辈拳师的拳照和文字资料传交给了爱徒李亚萍（即本书作者，也是我的师姐），并多次授意，希望她能够把传统杨式拳、剑、刀的书写出。

　　这册《传统杨式太极拳108式精要·筑基进阶》成书的宗旨是——筑基进阶。定位在（1）借助典籍，珍重传统。追求传统的发掘、回归和发展。（2）深入浅出，古今兼顾，图文并蓄。适应当代太极拳爱好者最切近的需要。

　　于是，一本遵循传统又能连接现代，可以为初学者学习太极拳式给予精准的动态指导，又能给习练多年已有较高水平的拳友提供经典指引提升的书应运而生。

　　本书作者是北京武术院华园武术培训中心主任、杨式第六代传人、中国武术八段、国家级社会体育指导员。她二十年前拜杨式太极拳第五代传人曹彦章先生为师，研习崔毅士师门传授的传统杨式太极拳。二十年来，她跟随师父左右参加多种、多次大型武术表演和交流活动：35周年和50周年国庆大典；香港、澳门回归仪式上的表演，以及天安门广场、天坛公园内的万人表演。还在这类大型活动中领军华园精英在万人簇拥的精品台上，以几十人的队伍展示杨式太极拳的风采；在中、日、韩太极拳交流中，领师父之命，为华园组织的一百多人的推手训练队伍担任总教练，在组织活动中展现了极强的组织教学、协调训练的能力。她用深厚的太极功底和勤奋的奉献精神，夜以继日为亚洲武协创编的太极推手对练套路成功配乐，受到中外队伍和参与交流的人员的好评。

李亚萍先生生性沉静、稳健，勤于学习，善于学习，习练太极拳近三十年。自曹彦章师父逝世后，2010年远赴广州拜师伯方宁先生为师。二十多年来，刻苦研习崔毅士师门的传统杨式太极拳，期间又得到黄永德师伯的悉心指教和徐长洪先生身体力行的口传心授。在诸位恩师的引导下，一步步踏入传统杨式太极拳的更高境地，在拳架、理论和应用于推手方面，都有了长足的提高和丰厚的积累。她对史上传下的太极拳典籍和师父传给她的珍贵资料都努力研读，潜心体会探讨。从她的藏书中可见到字里行间，不同墨色、不同时段写下的密密麻麻的心得体会和前辈与师父的教诲要点。圈圈、杠杠、文字、图形与书籍的原文相映成辉，为简要的原文平添了许多可思可想、可演可练的珍贵资料。加之，她本人长年学习整理，不断习练，力行不辍。这些知识和体验，造就了她打拳推手的精湛技艺和拳理知识的深厚积淀。

今日，李亚萍先生不负师父生前的重托，数年来，每每通宵达旦努力整理繁多的资料，撰写书中的文字，拍摄整理影像和视频，多次修整校对内容，完成了这一册既适应业内研究提高，又宜于社会普及的好书。

作为世界的明日运动，太极拳的前程非常远大。信息社会的到来，人类的社会行为结构和社会生活方式对健身运动愈是有着更高质量的需求，而太极拳将是平衡由高科技带来的全面信息社会面临的"运动缺乏"与"运动片面"等问题的强有力的杠杆之一。杨式太极拳是最具群众性的一大拳种，学习、演练、研究这一拳种是广大太极拳爱好者的迫切需要，而凝结着李亚萍先生心血的这册《传统杨式太极拳108式精要·筑基进阶》，将是对这种形式的一份值得珍惜的奉献。

2016年11月

自 序

我学太极拳是从竞赛套路开始的，24式太极拳、42式太极拳、32式太极剑、42式太极剑、杨陈吴武孙，样样不落地学。十多年时间里，学套路、参赛、考级升段，乐此不疲。忽一日感觉迷茫、感觉练拳没了动力，连老外到中国来都要学传统拳，我却对传统拳一无所知；看到别人讲动作"外三合、内三合"说得头头是道，自己挺着个腰板根本不知什么是合，又怎样去合。传统的就是民族的，民族的就是世界的。我最后选择了深入学习传统杨式太极拳，舍弃了其他所有。

我的师爷是燕京泰斗崔毅士先生，是杨式太极拳北派一支的代表人物。他为人忠厚善良，性情温和，他的拳架宽大柔绵、浑厚饱满、中正安舒，技艺炉火纯青，被誉为"松沉大师"，有独具特色的"皮筋劲"和"秤砣劲"，以及最重要的是用"骨架"练拳。师爷的"明规矩而守规矩，脱规矩而合规矩"已经成为京城杨式一支传播太极拳的至理名言，举手投足皆出于规矩。

我的师父曹彦章先生是杨式太极拳第五代传人、八极拳第七代传人，他博采众家之长，武术根基浑厚。他的拳架沉稳端庄、周身一家，"神、意、气"汇集一体，运行如行云流水，连绵不断，收放开合恰到好处，形成威武雄健的独特武术大家风格。他非常重视拳架与推手相结合，他的四正手粘连贴随，松柔圆活，发力惊弹透骨。跟随师父十几年，目睹了他致力于弘扬、继承和发展中华武术事业孜孜不倦地工作，奉献出毕生的精力和心血，他被誉为武术界的"老黄牛"。

曹彦章先生去世后，我在广州幸遇同门师伯方宁先生，一见如故，遂磕头跪拜，继续深造。方宁师父一派仙风道骨，拳架绵柔，触其臂如婴儿般柔软，以手探身，则如临深渊，令人毛骨悚然，搭手瞬间便已被拿住，忽觉一动，人已闪到身后，试以大力击之，则如球碰壁，人被弹飞数丈开外，他却稳若泰山，谈笑自如。方宁师父非常关切地询问我有没有发劲，没有发劲，他可以教我。他老人家反复强调的是，拳架里一切不符合技击的东西都要丢掉。

非常幸运的是，我在学拳之初遇到了传奇式人物徐长洪先生，他是白庆斋先生的入室弟子，圈内无人不晓他独特的太极推手功夫。他曾经跟雷慕尼学陈式太极拳，并得忠告"学拳一定要学推手，不然练了一辈子，什么也没有"。徐长洪先生还曾经向武术大家王德亮学习推手，无论严冬酷暑，每天骑车来往于京西至前门，为的是能与王先生推上几分钟，得到指教。我尊徐长洪先生为师，他待我如友。他教我推手从不做假，也不教招、不喂手，用最简单通俗的语言引发我思考。每当我中断了学习，他总是宽厚地对别人说"她忙，社会工作多"。等我再露面时，他又总是主动对我说："来，我看看练得怎么样了。"他对我在推手上的帮助无人能及。跟徐师学习推手，也渐渐令我明白了太极拳简洁、朴实无华的本质，感悟并坚定了推手与拳架不可分割的信念。

黄永德师伯对我的杨式传统拳架一招一式地加以纠正，他的一句"脚放平了再走，出功夫"使我终身受益。他细致入微地带我练习从师爷那里学的开合手、四正手，与他推手时，他的反应之快、变化之多，往往令人猝不及防，脚下站立不稳如醉酒状。师伯传承了师爷教的抓坛子和抖杆子的功夫，日抖大杆八百下，毅力着实令人钦佩。为求整劲，我跟他学练大杆，师伯就大老远地扛了两根大杆到天安门送给我。师伯像父亲一样对我的关爱和指导伴随着我成长。

太极拳需要交流，需要取长补短，最直接的交流方式就是推手。杨家推手是采用粘连贴随的基本方式，不丢不顶，随曲就伸。推手不是用来逞强争胜的手段，是以练自己身上的功夫为目的，练柔劲化劲的功夫、听劲懂劲的功夫、守中用中的功夫，以达到知己知彼，渐至从心所欲。

太极拳不需要保守，随着社会的发展，王宗岳的《太极拳论》尽人皆知，千变万化不离太极阴阳互变之根本。太极拳不需要神秘化，太极是文化，是几千年中华民族传统文化的结晶，拳就是武术，太极拳是用太极的阴阳思想为指导，以武行拳。拳是练出来的，只要按正确的方法练，身体必然会发生质的改变。比如身体绵柔、动作敏捷、性情温和、后天返先天。

太极拳以王宗岳的《太极拳论》为理论指导，身上练出来的活却大有不同，这与个人的传承、文化修养、性格爱好都有关。事实上，天才能有几人？我们大多数都是普通人，普通人做普通事，练拳是个人爱好，只要坚持下去，能练到哪一层算哪一层，不必当作负担。

学练太极拳是快乐的事，每天早上顶着星星起床，跟着老师练功、学套路，把自己融入一个来自各行各业各阶层的和谐集体。只要踏入这个圈子，无论贫富贵贱，也无论学富几车，在老师面前都是小学生，每天被那些说得上来做不出来的动作支配得团团转。几经挫折磨难，知道了胳膊腿都长在了什么地方，渐渐地学会了控制自己肢体的动态，内劲生发，周身整劲增长，尤其当读拳论不再是看天书的时候，愈发停不下来地想探究太极拳深层次里到底还有什么。

　　杨家早期在京城传授的是108式拳，其中有三十七个不重复的基本拳式。练习太极拳首先方法要对，不能盲目练，虽然质量出自数量，但是如果方法不对，练的数量越多，可能对自己伤害越大，比如膝关节受损，比如越练离太极拳越远。我愿将自己多年积累的学练传统杨式太极拳的经验和学到的传统练习方法整理成文字资料，和太极拳友们一起分享。着笔之处尽可能地详细剖析，以最通俗的语言、最直接的可操作方式展现给大家一个我心目中的杨式太极拳。

　　中华武术是国术、是功夫，练习太极拳就要出太极功夫。王宗岳的《太极拳论》是检验太极功夫的标准，"由招熟而渐悟懂劲，由懂劲而阶及神明""左重则左虚，右重则右杳""人不知我，我独知人"，阴阳相济，舍己从人，渐至从心所欲。

　　杨家拳架中揽雀尾的掤捋挤按与合步四正手中的掤捋挤按是用粘连贴随的关系一一对应，将拳架与推手相结合练习太极拳，既养生又不失太极精髓，这是现代太极拳应有的发展方向。

　　于志钧先生给太极拳下的定义是："太极拳是一种中国古代个体技击术。理论基础是太极学说。技术特点是以静制动，以柔克刚，顺势借力，达到以弱胜强。练习步聚是由招熟而懂劲，阶及神明，避免双重。"

　　练习杨式太极拳大架离不开杨澄甫先生的《太极拳术十要》。太极拳"一动无有不动"，由脚而腿而腰而手，节节贯穿。在每一式的运行过程中，意由心生，从丹田生发出虚实转换的契机，一式的终了即是下一式的开始，阴阳虚实变化从起势开始到收势终了，无间无断；式式相接，旧力未尽新力已生；就像我们看到的太极图一样，阴鱼里有阳眼，阳鱼里有阴眼，虚实转换，阴阳互变，阴阳互根，在动态变化中求得平衡。这就是太极的原理。

杨式太极拳身法中正安舒，拳架舒展饱满，动作自然连贯；手法上分虚实、含折叠、走弧形；步法上分虚实、有转换，走轻灵；立身中正，稳如泰山，有内劲磅礴的气势和吞吐万物的从容。功法上要求形、意、气相结合，融技击、防卫、健身于一体，长年坚持习练，即可达到祛病强身、养生保健的目的。

杨式太极拳在北京的传承枝繁叶茂。崔毅士先生是杨澄甫先师在京传拳的早期弟子，一直保持着杨家早期的一些练法，举手投足间都传达出攻防信息。传统杨式太极拳的传承过程历来是口传心授，比如说"碾步"，脚掌平贴地面内扣或外摆，如同碾子在碾盘上转动；比如说"太极拳的气"，实质上讲的就是内劲，内劲就像在身体里流动的水一样，身体就是水的通道，如果各关节、肌肉紧张，就会使通道堵塞，要增长内劲首先就要放松，打通自己身体的通道；比如说"圆裆开胯"的实现、"劲力传导"的方法、练就"皮筋劲和称砣劲"等。

本书第一章是拳架部分。图解详细，层次分明，语言简练，通俗易懂，每一式都有明确的动作要点，深入浅出，尽述其详，以简单朴实的语言讲述杨式太极拳的传统练习方法，注重学者的可操作性，让读者如亲临授课现场，比如如何放松，怎样由松而沉、由沉而轻灵等。既适用于初学者按照图示进行简单学习，又适用于练习竞赛套路多年想转向学习传统杨式太极拳者，同时也适用于练习传统拳多年的爱好者进阶学习。

本书采用的杨式传统太极拳108式拳谱是刊登在2014年第9期《中华武术研究》上的"杨式太极拳108式拳谱的研究与整理"一文中的，本着尊重历史传承、保持传统原貌的原则基础上，查阅了大量相关文献资料，并进行了详细论述和分析，研究比较了多家拳谱拳式前后拆分与合并的不同点，以及同一拳势名称的不同写法与叫法，在尽量还原历史本来面貌的前提下，研究整理出来的合理、有序、规范的传统杨式太极拳108式拳谱。

第二章是技法部分，第三章是功法部分。目前太极拳教学的误区存在于，注重讲手上的劲力点，没讲明劲力点的出处和传导过程；讲以腰为主宰，忽视了讲脚上的功夫；讲用法脱离太极阴阳、开合变化的本质等。杨式传统太极拳练法简洁、质朴，就像一层窗户纸，一点就通。真传一句话，假传万卷书。方宁先生教导我，从我们嘴里讲出来的东西，一定要真实可靠，否则贻误后人。讲真话、不保守，不夸张、不虚妄，实事求是地展示传统技法和功法上的独特之处。

第四章是推手部分。直击拳架与推手体用兼顾之法，将推手和拳架互相印证，由外及内地进阶引导。太极推手不是用手推而是用脚推，不是用招法而是挖掘人之先天本能，达到应物自然。推手不离粘连贴随，太极拳推手就是一种力学游戏。太极推手的理念不是怎样把别人推出去，而是怎样不被别人推出去。推手是周身的动态，是瞬间抓住对方的缺陷，在时间和空间的契合点上发出大小适中的力，放大对方的缺陷，顺势借力的方法，不是常人理解的生打愣要，以赢人为目的。

太极拳本身就像是一本永远读不完的书，每次读都有不同的新意。今天读跟昨天的不同，明天读又不同于今天。学习太极拳不是一成不变的，应在循序渐进地探索、体悟、认知变化中追求太极拳的真谛，修养性情，陶冶情操。每个人心中都有自己的太极，习练日久，愈发割舍不得。

自　序

  本书在撰写、审稿、拍片过程中，得到诸多同仁的莫大帮助。其中有学拳仅两三年的初学者、有跟其他名师习拳多年近年刚接触我们杨式108拳的拳友，也有跟我一起练拳二十多年的同门师兄弟，他们从不同角度提出了许多宝贵意见。同时，本书的出版得到同门师兄弟们、我的学生、弟子们资金上的大力支持、鼎力相助，在这里一并对他们表示真诚的感谢。特别要感谢我的师兄汤善福先生，抱病在床仍亲自执笔为我写序，反复推敲修改，字斟句酌，他这种严谨的态度，给我留下了深刻印象。

  我还要真心感谢以下各位老师。我的启蒙老师张荫华先生，在我初学弓步做不对的情况下，他俯身用手把我的脚尖掰正，给我单独教拳从未收取一分费用；白淑萍老师教会我头不要像拨浪鼓一样来回摇，教会我式与式之间如何相连不断；何惠通老师一句"腰没目的地瞎扭"，让我懂得了腰要保持正确动态；宋亚林老师在太极剑上的造诣，引领我进入身法加剑法的更高境界；贾鸿诚、苑得时老师对我的传统杨式拳进行一对一的辅导，不断地鼓励、开导；张勇涛老师教我倒撵猴的技击用法，让我了解了身势在行拳中的重要性；吴荫农师兄更是倾心相授，从拳架到大杆，掰开揉碎了为我讲解，他写的所有资料完全对我公开，允许我任意使用，让我看到了极其珍贵的崔秀辰师伯、吉良辰师伯演练的拳架和推手视频；幸遇刘琪京先生，我看到了金锡五前辈一支矢志不渝在京城传播原汁原味的杨式太极拳的真实纪录；在懵懵懂懂推手中被摔、被打、被揪头发，都从不同程度上使我进一步了解推手，反省、补充自己身法和步法上的不足；与吴彬教练相识，他为我提供了教授国外学生学习太极拳的机会，使我接触到了更多不同类型的学生，使得我在太极拳教学上有了质的突破。2010年8月，他特地推掉北京电视台的采访，专程出席我的第一次收徒仪式。所有这些都历历在目，心存感激，永生难忘。

著书立说，把我们练的拳架变成白纸黑字的书籍发表出来，是我师父曹彦章先生的宿愿，时值先生去世八年之际，这本书终于要出版了，总算不负先生厚爱，不负师门众望。由于个人水平所限，书中难免会有遗漏和不尽如人意之处，恳请明家海涵。

2016年9月于北京

目 录

杨式太极拳传承简介 …………………………………………（ 1 ）

第一章　传统杨式太极拳108式 ………………………（ 12 ）

一、传统杨式太极拳基本动作及方法介绍 ………………（ 12 ）

二、武术礼仪 ………………………………………………（ 28 ）

三、传统杨式太极拳108式动作图解、要点说明和练习方法简介

…………………………………………………………（ 29 ）

四、拳式动作名称 …………………………………………（ 31 ）

五、传统杨式太极拳108式动作图解 ……………………（ 34 ）

第二章　传统技法 ………………………………………（202）

一、基本知识 ………………………………………………（202）

二、基本技法要领 …………………………………………（206）

三、太极拳不同学习阶段的侧重点 ………………………（224）

第三章　太极功法 ……………………………………（229）

　　一、热身功 …………………………………………（230）

　　二、腿功 ……………………………………………（256）

　　三、桩功 ……………………………………………（258）

第四章　太极推手 ……………………………………（261）

　　一、基础知识 ………………………………………（261）

　　二、基本动作 ………………………………………（266）

　　三、推手进阶 ………………………………………（286）

　　四、推手、散手和散打 ……………………………（296）

　　五、太极推手与拳架的结合 ………………………（298）

第五章　运动保护 ……………………………………（302）

　　一、保护膝关节 ……………………………………（302）

　　二、推手注意防止运动伤害 ………………………（305）

第六章　太极拳经拳论精选 …………………………………（307）

一、张三丰太极拳歌诀六首（山右王宗岳解）……………（307）

二、王宗岳太极拳论 ………………………………………（310）

三、杨班侯传太极拳九诀 …………………………………（311）

四、杨澄甫传太极拳要论 …………………………………（314）

五、李亦畬五字诀 …………………………………………（318）

六、清代杨家传抄老拳谱 …………………………………（319）

后记 …………………………………………………………（324）

参考文献 ……………………………………………………（326）

杨式太极拳传承简介*

武林盛传一段佳话：杨露禅闯天下，杨班侯打天下，杨健侯养天下，杨澄甫传天下。杨家历经数代从河北省永年县广府城走出来，将太极拳传进京城，传向全国，传遍世界。太极拳源于何时何地的争论很多，我的师父曹彦章先生说"这些留给历史学家去研究，我们杨式太极拳的第一代宗师是杨露禅"。以下仅以本师门一支的传承作些简单介绍。

杨露禅

（1）杨式太极宗师杨露禅（1799—1872），名福魁，字露禅（禄禅）。清朝直隶广平府永年县城内南关人，生于清嘉庆四年，逝于清同治十一年，享年73岁。杨露禅从小习练外功，精通二郎拳。曾三下陈家沟拜陈长兴学艺，历经十八载。杨露禅从陈家沟学成后，长年习练的拳法、功法就有二三十种之多，有太极一百单八式长拳谱、五套拳、五套捶、太极小四套、太极散手、太极短打、太极亦是短打、太极丹田行工法、太极裆行工法、太极顶劲行工法、太极

---

*注：仅限作者曹彦章师门一支。

圆行工法、太极上下行工法、太极进退行工法、太极开合行工法、太极出入行工法、太极领落行工法、太极迎敌行工法、太极缠丝行工法、太极背丝扣行工法、河图洛书合成缠丝劲行工法、太极点穴理、太极点穴法、太极三十六穴、太极十二大穴时辰点穴秘诀叫门法、太极十二中穴点穴法、太极十二小穴点打拿法、太极十六挫骨法、太极二十四筋脉拿法等；还有刀枪器械，内功外功、暗器、弹弓，这些拳势、功法是杨露禅终身习练的内容。之后又到北京传拳，名满天下，号称"杨无敌"。杨露禅首创杨式太极拳。他跟其儿子班侯、健侯，常驻京城端王府教太极拳。

（2）杨式太极拳第二代重要传人之一、杨露禅次子杨班侯（1837—1892），名钰，字班侯，享年55岁。杨班侯自幼随父学太极拳，还跟随武禹襄学艺，又得到王宗岳《太极拳论》，技艺精进。班侯偏重太极拳的技击运用，实战中下手较狠。他擅长的是腾挪跳跃，臂力十分强大，尤其擅长太极大杆技术。满族人吴全佑跟杨露禅学拳，后来又奉杨露禅之命拜在杨班侯门下，将班侯教的杨式小架太极拳修改定型为吴式太极拳，自成一家。他的儿子吴鉴泉发展为"吴式太极拳南派"，他的徒弟王茂斋发展为"吴式太极拳北派"。杨班侯因为打了洋人，清军不敢继续留用，因此返乡。杨班侯传授的太极拳系列拳架有大架、中架、小架、快架、提腿架、撩挎八

杨班侯

卦掌、四路炮捶、十三路炮捶、四玉捶、散手、一时短打及丹田功，至今仍在他的家乡永年县一带流传。

（3）杨式太极拳第二代重要传人之一、杨露禅三子杨健侯（1839—1917），名鉴，字健侯，号镜湖，享年78岁。杨健侯自幼从父学拳，他的拳术特点是刚柔并济，出神入化，刀、剑、杆各种器械无不精通。杨露禅去世后，他接替父职在京授拳。杨健侯性情宽厚仁慈、秉性温和，从不恃拳傲场，有极高的武德，授徒众多。杨健侯非常注重太极拳的健身作用，他在继承父亲"小架子"的基础上，将之幅度扩大，既保持了技击特点，更适合健康需要，将杨式太极拳拳架修改成中架，在太极拳发展和传播中，起到了重要作用。杨健侯所传拳法功法有：太极打手论、打手论、手脚、身法、步法、太极歌、推手行功歌、用功歌、太极八字歌、不传、大小太极解、秘歌太极拳八字解、约言、用功之志、一时短打，另外还有十三势行功心得等。杨健侯曾在清王府授传统内功太极拳，现俗称"老六路"。过去在王府学拳的王公贵族们，身体状况欠佳，一套拳打不下来，就将套路分成六段，每段都有起势和收势，这就是老六路的来由。现在练习老六路的也是一气演练完整套路，和我们演练的108式长套路动作有别。人们对杨健侯演练的拳架回忆说"他练出的轻灵劲极具魅力"。

（4）杨式太极拳第三代重要传人之一、杨健侯的长子杨少侯（1862—1930），名兆雄，字梦祥，号少侯，享年68岁。七岁时就开始学习太极拳。性情刚强，推手时喜欢发人，擅用散手。继承班侯遗风，功夫属于上乘。拳架小而刚，动作快而沉，处处求紧凑。不愿多传，从学者甚少。北京通州的张虎臣先生是杨少侯少数弟子之一。传下来的有杨式108式太极拳大架，属于基础架、养生架；杨式太极家手（也有称为"太极加手"的），属功力架；杨式小式，属技击架，还有太极散手。

杨少侯

（5）杨式太极拳第三代重要传人之一、杨健侯的三子杨澄甫（1883—1936），名兆清，字澄甫，享年53岁，生于北京。幼承家学，不断研练改进，形成太极拳的一个主要流派。1912年29岁时在北京中山公园设立拳场，公开传授太极拳、剑、刀枪，并授拳于北京体育研究社。1917年杨健侯去世时，杨澄甫34岁，闭门苦练六年。1923年40岁时开门授徒。1928年携门人弟子巡回于南京、上海、杭州、广州、汉口等地教授拳术。将杨式太极拳定型为大架。杨澄甫的入室弟子不下百人，《太极拳使用法》中所列三十四人为弟子中的佼佼者，其中被喻为杨澄甫南巡"侍卫"、功夫卓著的有牛春明、李雅轩、崔毅士，另外还有武

杨澄甫

汇川、田兆麟、董英杰、王旭东、阎月川、田作林、徐岱山、褚桂亭、陈微明、张钦霖、王其和等。嫡传有其长子杨振铭、次子杨振基及近亲傅钟文、赵斌等。著作有陈微明整理的《太极拳术》、董英杰整理的《太极拳使用法》、郑曼青整理的《太极拳体用全书》等。1935年，杨澄甫第二次去广州授拳。不到一年，因水土不服，潮热难当，患上疝气，遂返上海治疗，住福照路安东村5号（现在的延安中路）。1936年3月3日病逝，终年53岁。灵枢由家人及傅钟文等护送，先运到南京，与杨少侯灵枢一起运回永年杨氏祖墓安葬。

（6）杨式太极拳第四代传人崔毅士（1892—1970），名崔立志，字毅士，享年78岁，河北省任县人。1909年进北京慕名拜杨澄甫为师，是杨澄甫早期入室弟子。1928—1936年随杨澄甫南下，巡回授拳。直到1936年杨澄甫去世后，他又独自沿着当年杨澄甫南下走过的路线授拳于南京、武汉、西安、兰州、安徽等地。1945年返回北京定居，早先住在东华门，后迁到南小街甲2号。崔毅士先生为人纯朴善良，性情耿直，豪爽忠厚，专攻杨式太极拳功架，严格遵守杨家授拳的"明规矩而守规矩，脱规矩而合规矩"的作风。由于多年随师授拳，毕生精心研修，深得杨家太极拳、刀、剑、大杆（枪）、推手真传。他功底深厚，造诣精深，尤以推手为最擅长。在中国武术界被誉为"燕京泰斗"，成为杨式太极拳在北京传承的重要代表人物。崔毅士先生久居北京，在中山公园古柏林授拳，并在1950年成立"北京永年太

崔毅士

极拳社",任社长。崔毅士拳势的特点:宽大绵柔、浑厚舒展,技艺炉火纯青,被誉为"松沉大师";有独具特色的"皮筋劲"和"秤砣劲";以及用骨架练拳。崔毅士在教学当中态度严谨,一丝不苟,对"教"和"练"要求十分严格,使得杨式太极拳日臻完美,得到进一步的发展。1964年崔毅士创编了传统杨式太极拳简易套路42式,特点是没有重复拳式。流传的有抓坛子功和抖杆子功。主要授业弟子有和西青、吴文考、刘高明、吉良晨、殷建尼、杨俊峰、张海涛、王守礼、陈雷、于家岚、方宁、李鸿、滕茂桐、王永珍、黄永德、孙政、崔彬、沈德丰、邱佩如、曹彦章、李连生、陈连宝等。嫡传女儿崔秀辰功夫上乘,亦传于外孙张勇涛、孙子崔仲三。

曹彦章

(7)杨式太极拳第五代传人曹彦章(1929年5月—2009年7月),享年80岁,汉族,山西人,中共党员。京城著名武术家、武术段位八段。毕业于中国海军航空学校,离休干部。历任北京市武协第三届委员,第四届、第五届顾问,兼老武术家委员会副主任,北京市武协八极拳研究会副会长,北京市武协查拳研究会顾问,北京市朝阳区武协副会长,北京市武协传统杨式太极拳研究会第一届副会长兼秘书长,第二届、三届常务副会长兼秘书长,第四届常务副会长,第五届名誉会长。1991年曹彦章先生为创建杨式太极拳研究会立下汗马功劳;1993年又亲手创立了北京武术院华园武术培训中心，担任主任和秘书长职务；1995年又创立了中国永年国际太极拳联谊会北京分会，担任分会会长一职。

曹彦章先生自幼习武，1937年随杨登弟学习少林拳，大、小洪拳及刀、枪、剑、棍等器械。后随许家福学习八极拳械和查拳，1954年投师于杨式第四代传人、京城杨式太极拳名师门内，在崔师教诲下，专攻杨式太极拳、剑、刀、大杆、推手与散手等，深得崔师器重。曹彦章先生武术根基浑厚，博学诸家之长，拳架浑厚开展，太极之势动作敏捷迅速，连绵不断，如行云流水，记性悟性均系上乘，加之潜心钻研，勤奋习练，形成独特风格。1981年，参加北京武术比赛获八极拳第一名、六合枪第二名，1982年参加北京武术比赛，获太极拳第一名、太极刀第一名、太极剑第二名。

曹彦章先生积极从事国内外的武术交流和传播，多年来在北京工人体育场、日坛公园、朝阳公园等地教授传统杨式太极拳、剑、刀和推手，收徒逾百人。组织培训参与国际、国内、社区、团体各类交流、学习、表演、竞赛活动的人员更是数以万计，接待并亲自传播来华习武的有日本、奥地利、印尼、德国、法国、西班牙、荷兰、瑞士、意大利、英国、香港、澳门等国家和地区的代表团和学生，为继承和发扬传统杨式太极拳及普及太极拳运动、为中华武术走向世界作出了积极贡献。

曹彦章先生注重科研和总结工作。1993年参与中国武术协会亚洲武术联合会组织的《太极推手对练套路》的编撰工作；1996年应中国武术协会邀请于沧州审编《传统八极拳、劈挂拳对练套路》两拳种书与录像；1995年参加编写审定《燕都当代武林录》

一书，并出版发行；1997年后边教学边创编杨式太极拳短套路，几易其稿，从46式到44式，到43式，最后定稿为传统杨式太极拳39式拳谱；2006年带领弟子20名到通州学习、挖掘整理杨少侯一支的传承，并整理完整资料上报北京市武术协会。

  曹彦章先生发证书的入室弟子一共八批122人，主要授业弟子有：李亚萍、董连勋、张自祥、张广亮、徐丽茹、吕桂良、刘康进、张友、曹凤泉、叶雪英、王秀莲、臧庆芝、王雪环、张志泰、姚秀红、张东升、王淑景、李玉兰、陈秋华、韩大建、张卫、刘一辰、路英琴、杨莹莹、王金英、张凤兰、曹文军、曹秀兰、王春燕、姚重禾、刘启云、蔡莉莉、乔丽娜、王蓓、冯振宇、张配华、宫辛凤、宋少文、张兆坡、李明丽、刘忠立、韩宏祺、刘熹、韩玉华、崔秀珍、苏尊荣、李蓓玲、张亚平、何凤桐、金宝强、候喜忠、汪明远、王青山、陶善华、奥斯瓦尔德（奥地利）、周亨利（美国）、朱凤优（法国）、内斯尔丁（西班牙）、张宝艳（西班牙）等。以上顺序以颁发证书时间为准，还有很多人已经失去联系未能录入。

  曹彦章先生传授的杨式太极拳功法、套路有：太极桩功法（十三式）、传统杨式太极拳108式、传统杨式42式简易太极拳（崔毅士传）、传统杨式太极拳39式、杨式太极拳家手竞赛套路30式、太极拳推手对练套路（中国武术研究院于1992年组织老一辈武术专家集体创编，曹彦章先生是创编组成员之一）、太极拳散手对练套路（沙国政先生于1980年整理出版的对练套路）、太极拳推手散手组合套路、传统杨式太极剑51式、传统杨式太极刀13式。

（8）杨式太极拳第五代传人方宁，1924年出生于北京，祖籍湖北黄冈。上海圣约翰大学毕业。退休前为广州外贸学院教务长，通英语、日语。

1943年开始向上海王守先老师学习太极拳。自1953年正式入室，师从北京崔毅士学习太极拳十年。方宁先生七十多年的寒暑修炼，太极拳功夫纯正自然，炉火纯青，功臻无圈，能周身发劲，充分展现出杨式太极拳真正的内家拳以静制动的风貌。1981年在合肥受聘为该市武术协会委员、推手训练班高级教练。在广州长期业余授拳，入室弟子两百余人，遍及国内外。近年所作武当正宗推手发劲演示视频在国内几个颇具影响力的网站上流传，点击量逾百万。

1999年旅美时与学生Dimitri在佛罗里达州成立"内功研究所"，该所现在仍然在教授太极拳。著有《谈太极拳功夫——论太极拳十层功夫次第》《太极拳为什么称为太极拳——兼论如何识别真正的太极拳》《为什么说太极拳是内家拳》《极柔软然后极坚刚》等文。

2011年《谈太极拳功夫——论太极拳十层功夫次第》一文在国学院大学全国国学优秀论文评比中获得"特等奖"，方先生被评为国学专家百杰，荣获"百杰国学特别贡献奖""百年中华国学杰出贡献奖"，聘为"共和国杰出国学专家"卷书的特约荣誉编委，并荣膺国学院大学专家委员会特邀研究员。方宁先生耄耋之年，宝刀不老，仍为弘扬太极拳的传统技艺而不遗余力。

（9）杨式太极拳第六代传人李亚萍，1951年出生，中共党员。第五届北京市武协委员，第七届北京市武协理事。中国武术段位八段，国家级社会体育指导员，现任北京武术院华园武术培训中心主任。

李亚萍

自20世纪70年代末开始接触学习太极拳。1996年拜京城著名武术家、杨式太极拳第五代传人曹彦章先生为师，追随曹彦章先生系统地学习传统杨式太极拳、剑、刀和推手。在学习传统杨式太极拳拳架中深得黄永德师伯的精心传授。曹彦章先生去世后，又远赴广州拜师伯方宁先生为师继续学习和深造，潜心于杨式太极拳拳架与推手相结合的研究与探讨。1994年起在北京市太极拳比赛中，分别获得过陈式、孙式、杨式传统太极拳和42式太极拳、剑第一名，杨式国际邀请赛金牌，陈式国际邀请赛第三名。2000年后多次秉承师命担任教练培训队伍参加团体表演活动和太极拳集体比赛并获优异成绩。其中，2002年在中日韩三国太极拳交流活动中，担任中方推手团队总教练。在华园推广太极拳散手对练套路，创编太极拳推手散手组合套路，在国内颇具影响。2000—2005年跟随吴彬先生教授澳大利亚、美国、韩国、日本、俄罗斯等国学生学习太极拳、太极剑。2010年开门收徒。入室弟子有：徐秀芹、张君虹、陆贝柯、杨碧旺、向光川、王洪斌、汤志华、郑秋梅、宗宁、杨坚、杨长禄、谭红宾、蔡秀芬、赵向东、贾圣君、常静平、国晓玲、刘万斌、吴伟、冯宝成、郭宝玉、卢建英、董长在、林波、王玉芳、唐嘉韵、韩金启、崔秀霞、季长明、卢庆惠、张志晨、董晓军、徐蔚林、齐国胜、周厅林、季禾、王丹运、张振雅、乔俊奎、黄玉凤、潘勇、沈静、马莉、冯振兰、韩玉珠、李金昆、程春凤、明山、杨保华、和琳、刘红梅、顾振吉、李燕兰、潘立新。

有多篇论文在《武魂》和《中华武术》《中华武术研究》上发表。2011年被收录进《中国太极拳大百科》。自2009年曹彦章先生去世后，主持华园工作至今，并成立了传统杨式太极拳研修社，建立华园武术培训中心培训体系，健全华园组织结构，为华园的发展壮大尽心竭力。

第一章 传统杨式太极拳108式

一、传统杨式太极拳基本动作及方法介绍

传统杨式太极拳的基本动作及方法有：手型手法、步型步法、腿法、身型身法。杨式太极拳108式就是由这些基本动作组合起来的，认真学习掌握这些技术方法并贯穿于套路的练习中，从形似到神似，进而练出由内及外的独具太极特色的拳架就容易多了。

（一）手型

杨式太极拳的手型分为掌、拳、勾3种。

1. 掌

五指自然舒展分开、微屈，掌心微含，虎口呈弧形，大拇指不可外翘，掌指不可用力张开或僵直，也不可松懈、蜷曲。（图1、图2）

（1）仰掌 掌心向上或斜向上，指尖不论朝向何方。如"高探马"收到腹前的掌。

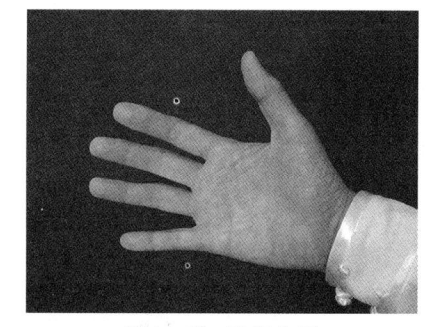

图1 掌-五指分开

图2 掌-掌心微含

（2）俯掌　掌心向下或斜向下，指尖不论朝向何方。如"搂膝拗步"的搂按掌。

（3）立掌　坐腕，指尖向上或斜向上，掌心朝向前方或侧向前方（侧立掌）。如"单鞭"的前推掌。

（4）垂掌　指尖向下或斜向下，掌心不论朝向何方。如"预备势"的双手垂掌。

（5）反掌　拇指在下，掌心向外。如"玉女穿梭"的上架掌。

（6）直掌　掌心向上，指尖向前，四指并拢，指根展平，腕微仰。如"白蛇吐信"的穿掌。

2. 拳

四指屈拢，指尖轻贴掌心，拇指蜷曲，指尖贴按在食指中节上，握成拳型，拳面要平。握拳不宜过紧或过松，要自然握实，并有团聚其气之意。（图3）

拳由拳眼、拳心、拳背及拳面几部分组成。（图4）

图3　拳

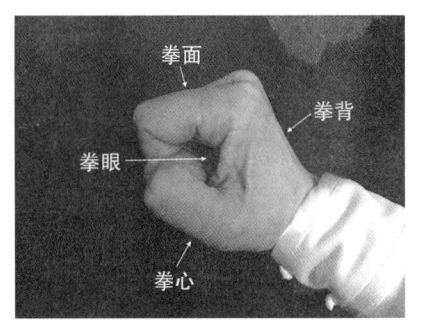

图4　拳的各部位名称

3. 勾

屈腕上提、指尖松垂，五指的第一指节轻贴捏拢，手心空含，勾手要自然松活。（图5）

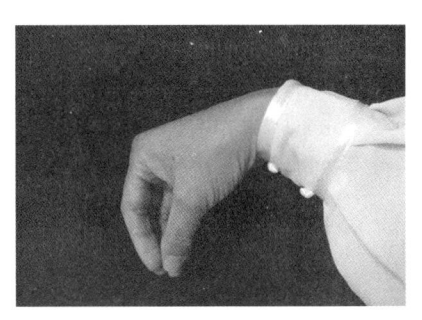

图5　勾

勾手在技击上是一种擒拿、击打的手法。勾可刁挂，腕可击打（劲力点在腕部）。

（二）手法

杨式太极拳的基本手法分为以下几种，其中包括了腕部的四种形态。详述如下。

1. 腕

（1）坐腕　腕关节背伸，带动指尖上仰，向手背方向运动。例如"搂膝拗步"的前推掌。（图6）

（2）屈腕　腕关节屈曲，带动指尖向手心方向运动。例如"单鞭"的右勾手。（图7）

图6　坐腕

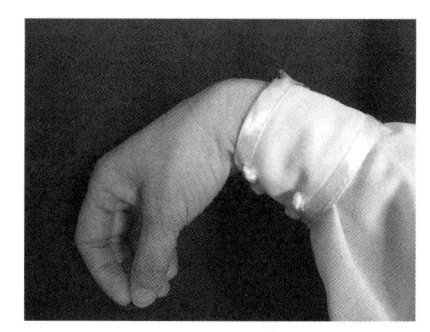

图7　屈腕

（3）提腕　腕关节内收，带动指尖向小指侧运动，例如"海底针"的右插掌。（图8）

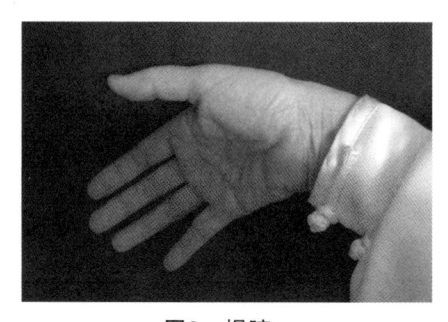

图8　提腕

（4）扣腕　腕关节外展，带动指尖向拇指侧运动，例如"高探马"的右手向前按掌。（图9）

2. 搂

掌心向下或向上从异侧经膝前横搂，平于膝旁，如"搂膝拗步"的搂手、"打虎式"的搂手。

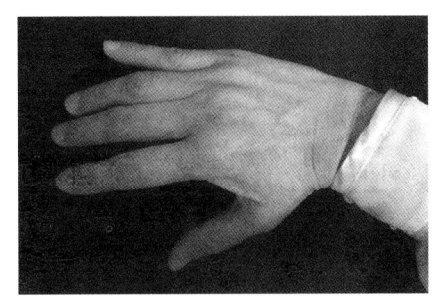

图9　扣腕

3. 推

掌从肩前或胸前向前推出，掌心斜向前，指尖向上，腕高不过肩，低不过胸。如"搂膝拗步"的前推掌、玉女穿梭的前推掌。

4. 穿

掌指向前，臂由曲到伸沿身体某一部位穿出，成直掌。如"白蛇吐信"的左手仰掌经右手背向前上方穿出、"蛇身下势"的左手从左腿内侧向前穿出。

5. 架

屈臂上举，掌架于额前上方，掌心斜向前成反掌。如"玉女穿梭"的上架手动作。

6. 拦

掌自同侧而上，立掌在体前向左或右侧横转，掌指斜朝上。如"进步搬拦锤"中的拦掌动作。

7. 分

两掌同时向身体两侧划弧分开。分掌有前后分，如"野马分鬃"的前后掌；上下分，如"白鹤亮翅"的上下分掌；平分，如"蹬脚或分脚"的两掌左右分掌动作。

8. 云

两掌在体前交替向两侧划立圆，两手翻转、拧裹，指尖高不过头、低不过裆，如"云手"中两掌向左、右云转的动作。

9. 托

掌在体前自下屈臂向上托举，指高不过眉、低不过胸。如"金鸡独立"向上托起的掌。

10. 插

提腕、垂掌，臂由曲到伸，在体前由上向前下插。如"海底针"中的右掌向前下方插出的动作。

11. 抱

两掌心上下斜相对，在体前或体侧呈抱球状，两臂呈弧形。如"揽雀尾"中左掤手上左脚时的两手合抱动作。

12. 掤

（1）单手掤　随重心前移，腰走横劲，前臂成弧形，横举于体前，掌心向内，高与肩平；另一手按在胯侧，掌心向下，虎口朝前。如"揽雀尾"中的弓步左掤手动作。（图10）

（2）双手掤　随重心前移，腰走横劲，前臂成弧形，横举于体前，掌心向内，高与肩平，另一手合于前手腕内侧下方，掌心向外。如"揽雀尾"中的弓步右掤手动作。（图11）

图10　单手掤

图11　双手掤

13. 捋

两臂稍屈，掌心斜相对，两手相距一前臂距离，随腰的转动由前向体侧横捋。如"揽雀尾"中的后坐捋的动作。（图12）

图12 捋

14. 挤

后手贴近前手腕内侧，同时向前弓步挤出，两臂撑圆，高不过肩，低不过胸。如"揽雀尾"中的挤的动作。（图13）

图13 挤

15. 按

（1）单手按 左手或右手，掌心向下，向侧下方坐腕按压。如"搂膝拗步"中的按掌。（图14）

图14 单手按

（2）双手按化　两掌同时收按到胸前，松肩屈臂垂肘，掌心向下，虎口相对。如"揽雀尾"中的坐步按掌。（图15）

（3）双手按出　两掌由胸前向前推出，臂由屈而伸，掌心朝前，指尖向上。如"揽雀尾"中的双手弓步按掌。（图16）

图15　双手按化

图16　双手按出

（三）拳法

杨式太极拳式中著名的太极五捶包括搬拦捶、肘底捶、撇身捶、栽捶、指裆捶。基本拳法分为以下几种。

1. 打拳

打拳也叫冲拳。拳心向上自腰间或胸前边内旋边向前打出，打出后，拳眼向上，拳面向前，高不过肩，低不过裆。臂微屈，力在拳面。如"搬拦捶"中右拳向前，打在胸前，指裆捶打在腹前。

2. 搬拳

屈臂俯拳，以肘关节为轴，拳自异侧向前，旋臂搬出，高与胸平，臂微屈，拳心斜向上。如"搬拦捶"中的搬拳动作。

3. 撇拳

以肩关节为轴，俯拳自异侧下方向前上方旋臂撇出，拳心斜向上，高与头平。如"撇身捶"中撇出的右拳。

4. 贯拳

双拳或单拳自体侧下方向斜上方旋臂弧形横打，臂稍屈，拳眼斜向下，高与头平。如"双风贯耳"中双拳弧形上打的动作、"打虎式"的单拳上贯。

5. 栽拳

拳自腰间向前下方栽打，打出后，拳面斜向前下方，拳心向左。如"搂膝栽捶"所用拳法。

6. 架拳

两手握拳，拳心向内，腕部交叉，向上托架，两臂掤圆，高与肩平。如"上步七星"双拳上架的动作。

（四）步型

杨式太极拳的基本步型有7种，分别详见以下图解。

1. 开立步

两脚平行分开站立，两脚外侧距离约与肩同宽，两腿微屈，两脚尖向前，全脚掌着地，重心落于两腿之间。如"预备势"时的站立动作。（图17）

图17　开立步

2. 弓步

两腿一前一后，全脚着地，前实后虚；前脚尖朝向正前方，屈膝前弓，膝部不得超过前脚掌，后腿自然伸直，圆裆开胯，膝对脚尖方向，后脚尖与前脚尖之间大约为45°～60°，两脚前后相距一步长，以能轻松上步落脚而不牵扯重心为准。两脚外侧横向距离大约一肩宽，保持一个自然裆的距离，便于稳定重心和运行自如。如"搬拦捶"中的弓步打拳的动作。（图18）

图18　弓步

3. 坐步

两脚一前一后全脚着地，前虚后实。前脚脚尖朝向正前方，膝微向上提；后脚脚尖斜向大约45°～60°，后腿弯曲，膝盖对正脚尖方向，重心坐在后腿上；两脚前后相距一步长，两脚内侧横向距离约一拳到两拳（由于后坐，两脚之间的横向距离不可过宽）。坐步主要用于引进落空之势。如"揽雀尾"中的后坐按掌的动作。（图19）

图19　坐步

4. 虚步

后脚全脚着地，脚尖斜向大约45°~60°，腿屈膝半蹲，支撑身体大部分体重，前腿稍曲，膝盖上提，前脚掌或前脚跟着地，脚尖朝前，两脚之间的宽度以脚内侧约一拳至两拳宽。如"提手上势"中的脚跟着地的右虚步、退步跨虎中的左虚步步型。（图20、图21）

图20　虚步一

图21　虚步二

5. 马步

两脚左右平行分开，两脚之间的宽度大约是三个脚长的距离，全脚掌着地，两脚尖朝向前方。两腿屈膝下蹲，膝盖垂线不可凸出脚尖，开胯圆裆，重心落于两腿之间，如"骑马式"。杨式太极拳云手出步时有马步；在野马分鬃、搂膝拗步等拳式运转过程中有半马步步型的过渡；在扣脚转体过程中有半马步步型的过渡。图22所示为"云手"中的马步步型。

图22　马步

6. 下势

支撑腿屈膝下蹲，全脚着地，脚尖外展，膝尖与脚尖为同一方向，另一腿自然前伸于体侧、膝盖上提，全脚着地，脚尖稍内扣。伸展腿的脚尖与屈蹲腿的脚跟在一条中心轴线上。如"蛇身下势"中的步型。（图23）

7. 独立步

一腿微屈自然直立站稳，脚尖外摆；另一腿屈膝提起，举于体前，大腿不低于腰，小腿自然下垂，脚踝松活。如"金鸡独立"中的独立动作。（图24）

图23　下势 　　　　　　　　图24　独立步

（五）步法

杨式太极拳的基本步法有以下7种，分别详述如下。

1. 上步

一腿支撑坐实，另一脚经支撑脚内侧向前迈出一步。如"搂膝拗步"中的上步。

2. 前进步

两脚连续各上一步。如"进步搬拦捶"中的连续上步。

3. 跟步

重心前移，后脚向前跟进约半步或三分之一步长；或者重心前移，后脚略向前跟，复又落回原地；或者重心前移，后脚直接跟进在支撑腿内侧。跟步时，脚掌先着地。如"手挥琵琶"中的跟步动作。

4. 活步

虚步时，支撑腿重心不变，虚脚提起后重新落地，意在调整两脚之间的步距、方向或角度。如"转身摆莲"的完成右虚步前的右脚动作。

5. 后退步

前脚经支撑脚内侧向后撤一步，脚掌先着地。如"倒撵猴"中的后退步。

6. 侧行步（平行步）

两脚平行依次连续向左或向右横移若干步。如"云手"的步法。

7. 碾步

（1）外摆　以脚跟为轴，脚掌平贴地面向外碾动。如"左搂膝拗步"到"右搂膝拗步"衔接时的前脚外摆动作。

（2）内扣　以脚跟为轴，脚掌平贴地面向内碾转。如"揽雀尾"中左掤式到右掤式时左脚内扣动作。

（3）外展　以脚前掌为轴，脚跟平贴地面向外碾转。如"退步跨虎"衔接"转身双摆莲"时的左脚跟向外碾转的动作。

（4）内收　以脚前掌为轴，脚跟平贴地面向内碾动。如"玉女穿梭（二）"到"玉女穿梭（三）"时左脚跟内收的动作。

（六）腿法

杨式太极拳的基本腿法有以下4种，分别详述如下。

1. 分脚

一腿微屈支撑，独立站稳；另一腿屈膝提起，脚面自然展平，以脚尖为力点，小腿向前上方踢起，高过腰部。

2. 蹬脚

一腿微屈支撑，独立站稳；另一腿屈膝提起，脚尖回勾，以脚跟为力点蹬出，高过腰部。

3. 单摆莲脚

左腿微屈支撑，独立站稳；右腿提膝从左侧踢起，经面前向右做扇面摆动，脚面展平，左手迎击右脚面。

4. 双摆莲脚

一腿微屈支撑，独立站稳；另一腿提膝自异侧踢起，经面前向外做扇形摆动，脚面展平，双掌依次在面前迎击脚面。

（七）身型

1. 头部

杨式太极拳要求保持虚灵顶劲。颈部自然放松竖直，不可左右偏歪。百会穴轻轻上领，带领颈部和躯干自然正直，随动作方向的变化，头能灵活转动。目平视，下颌微内收，口唇微闭，舌轻抵上腭。面部放松，保持神态自然。百会穴与会阴穴上下在一条直线上。

2. 躯干

躯干由胸、脊、背、腰、腹、臀几部分组成。

（1）胸　胸部要舒松自然，不可僵硬，不可故意前挺或内扣。要在意气内含的前提下开阔舒展。

（2）脊　"腰脊为第一主宰"。脊椎要节节松开，脊椎关节自然、中正竖直，屈伸自如，不可左右歪扭。

（3）背　背要舒展，不可驼背。背部肌肉往下松沉、有弹性，有利于劲力的蓄合和发放。

（4）腰　自然松竖正直，不可后弓前挺，左右偏倚。腰为主宰，发劲时拔背，命门自然后撑。腰和胯要同步转动，不可脱离胯单独拧转，不可盲目乱动。

（5）腹　要松静充实，练拳日久自会感到腹部充实饱满，富有韧性和弹性。

（6）臀　向内收敛，尾骨要向里裹，不可后凸或者摇摆，尾闾中正，在攻防转换时，把准方向。

3. 上肢

上肢由肩、肘、腕三个关节以及上臂、前臂和手掌共同组成。

（1）肩　肩是臂的根节，肩关节要下沉、松开，两肩要保持平正，不可耸起，不可有高低之分。行拳时肩要灵活，不要故意后张或前扣。在外形上，两肩与两胯要相合。

（2）肘　肘尖要始终保持自然弯曲、松垂，不可僵直。肘是臂的中节，松肩垂肘，腋下虚空。肘不贴肋，肘不离肋，肘部在运动过程中始终保持垂而不瘪，张而不抬。两肘与两膝上下呼应，不可散乱。

（3）腕　腕关节要松柔圆活，在运动中坐腕要适度，坐而不僵，柔而不软，松柔中有刚劲。

（4）指　手是臂的梢节，不论掌、拳、勾都要松柔舒适，不可僵硬。掌型有虚实之分，掌指时展时蓄，运掌活泼，利于气贯指梢。

4. 下肢

下肢由胯、膝、踝三个关节以及大腿、小腿和脚共同组成。

（1）胯　"打拳不用手，全凭腰胯走"。胯是调整腰腿动作的关键，胯要松开，旋转要圆活，腰胯要同步协调运转。松胯有利于调整身法、步法，使下肢运行变得轻灵。弓步前移时，两胯要平正，一腿支撑另一腿移动时，虚腿的胯要随腿的移动灵活转动。

（2）膝　膝要屈伸自然柔顺。在弓步时，膝要对正脚尖方向，实腿承重时，膝尤其不要里扣到脚内侧，也不可随意外摆到脚尖外侧，更不可在膝部产生拧转的力。在做碾步动作时，膝与脚要保持在同一方向上。

（3）踝　踝要松开，要轻柔灵巧。踝关节屈度适当，迈步轻灵，步法灵活。

（4）脚　脚是下肢的梢节，是人体的根基。练拳时，脚要平松落地，脚底涌泉穴与地面相贴，与大地融为一体。迈步时要松开脚踝，以大拇趾引领方向，轻落脚跟，做到"迈步如猫行"。脚尖的下垂和上翘要适度，否则会影响步伐的灵活。脚的外摆、内扣要在腰的支配下，配合胯、膝同步动作。

（八）身法

杨式太极拳在身法上有以下9种。

1. 起身

顶劲上领，脊骨具有弹性，劲力由腿而上。如拳式中的"白鹤亮翅""高探马"等式。

2. 伏身

身势顺势下伏，粘黏敌手，听劲警觉，蓄势待发。如拳式中的"蛇身下势"。

3. 进身

步随身进，以身法前进而欺敌，使敌失去重心的着数。如拳式中的"白蛇吐信"等身法。

4. 退身

以退步来化解敌力的着法。如拳式中的"倒撵猴"。

5. 转身

向左或向右转体，同时应付敌方多人之法，如拳式中的"转身左蹬脚""转身双摆莲"等身法。

6. 回身

进中退的身法，调整双方对阵的距离。如拳式中的"回身右蹬脚"。

7. 翻身

折叠身躯，变换方向，突然向身后之敌进击的着数。拳式中的"翻身撇身捶"皆用到翻身和撇身的着法。

8. 拧身

移动重心和转体同时动作的拧转身法，如拳式中的"野马分鬃""玉女穿梭"之身法。

9. 靠身

以身之肩、背、胯等处击敌，肩靠胯打，近身为宜，贴得越紧，威力越大。如拳式中的"斜飞势"。

（九）眼法

常言道"眼睛是心灵的窗口""百拳之法，以眼为纲"。眼神是练好拳极为重要的部分。太极拳讲究"神宜内敛"，不可突眉怒目。眼睛圆睁时，意念全调集在上面，而内里空虚，有误松沉。在整套拳路动作练习过程中，神态要从容自若，目光平静含蓄。

首先，眼睛要向前平视，脸要与身体转动的方向相协调。运行过程中眼神要配合动作的变化，用余光顾及手的运行路线。每式终了时，眼神要通过身前手之上方平视出去，意念放长远了，眼神也能放得出去。基本原则是，眼神要关注身前手或主动手的方向，如果是蹬脚或分脚动作，就要关注脚的运行方向，切忌突然扭头转脸、摇头晃脑或低头下视。

"先在心，后在身"，凡意欲何去，必将眼神先调向何处。一转眼则周身全转，上下相随，劲力完整。眼神总是稍先于手到达将完成动作时的方向。

二、武术礼仪

武术礼仪是习武者应共同遵守的最基本的道德行为规范，是习武之人文明礼貌的一种体现。抱拳礼距今已有三千多年的历史，是汉族特有的传统礼仪。通常在武术竞赛、表演、训练或社会活动中，以行抱拳礼表示对对方的尊重。

抱拳礼

1. 行礼方法

并步站立，右手握拳，左手拇指屈拢，其余四指并拢伸直成掌，双手从体侧向胸前合抱，屈臂掤圆，双肘尖略下垂，拳掌与胸相距20～30厘米。右拳眼斜对胸窝，左掌心掩贴右拳面，左指尖与下颌平齐。（图25）

2. 抱拳礼涵义

右手握拳表示五湖，也表示团结一心，左掌四指并拢伸直表示四海，屈拇指表示不自大；左掌与右拳合抱于胸前，两臂环抱成圆，表示五湖四海，天下武林是一家。谦虚恭敬，以武会友。

图25 抱拳礼

3.行抱拳礼注意事项

向前辈行抱拳礼时，要头正、身直，目视受礼者，面容举止大方。如果对方还礼，要等对方落手后，自己再将双手放下。双手向下垂落体侧，两臂不要前后晃动。

三、传统杨式太极拳108式动作图解、要点说明和练习方法简介

本书动作图解及动作要点中的内容，以一式多幅动态图片和对动作的精细描述来展示和介绍108式套路的各个拳式，以此为读者提供良好的学习依据。

（1）用文字描述太极拳动作，只能将下盘和上肢分开来写，练的时候要将上肢动作与下盘整合在一起。动作要求周身一动无有不动，以下带上，以内带外。心不动身不动（即心意没有动时身体不要妄动），内不动外不动，脚不动手不动。

（2）每一个拳式里面分若干个动作，主要是以重心的移动、腰的转动来划分，方便大家学习。单式里动作与动作之间要连贯，不着痕迹。进一步讲，每一式的结束动作就是下一式的开始动作，式与式之间也要相连不断，连贯圆活。

（3）本文约定面向南起势，凡是上步或退步只写出往哪个方向前进或后退，但迈出的两脚之间要有一个自然裆的距离，即左脚在身体的左侧，右脚在身体的右侧，前脚与后脚不能踩在一条直线上，更不可以将两脚交错放置。

（4）太极拳练习方位有东、南、西、北、东南、东北、西南、西北，此为八卦。当方向描述中有"东偏南"或"南偏东"等文字出现时，落脚后脚尖的方向应该比正方向偏出大约30°左右。

（5）关于手臂的内旋和外旋：转动手臂，大拇指向手心方向运动为内旋，大拇指向手背方向运动为外旋。

（6）建议：初学者要按动作图解的要求一动一动地做准确，首先注意脚应该在哪个位置，其次是腰、胸在哪个方向上，手的位置在哪儿，眼睛要看哪儿。还要关注脚和手的运动路线，是怎样从前一个动作运行到当前的动作。练习时要保持身形的周正，全身放松，不起硬力、拙力、僵力，按照拳架动作的规格标准完成练习，逐步熟悉、掌握传统杨式太极拳的基本练习方法。

　　（7）练习太极拳神宜内敛，不可突眉瞪眼。随着拳势的运行，眼睛一般关注在身前运行手的方向上或主动手的方向上，不要死盯着手看，要通过手看向远处，没有焦点，把意念放长远。左右换势时，眼神也随之转换。练习时间久了，眼神也会随着拳势的运行有收有放。在下面套路的描写中，除特殊必要，不再赘述眼睛所看的方向，如有不明之处，请看图片。

　　（8）关于每一式后面的要点部分，主要提示了传统杨式太极拳的基本练习方法，提醒学习者注意腰胯与手脚相互运动的关系，是进阶提高部分必备的基本知识，是练习太极拳多年需要了解的相关内容。比如关于如何做到太极拳要求的内外相合、上下相随、相连不断，怎样实现阴阳虚实变换等，本书为读者提供了详尽的可操作性方法和注意事项。

　　（9）要点的后面部分摘抄了杨澄甫《太极拳体用全书》（1934年版）中相关拳式的内容和部分拳论中对太极拳的精辟阐述，大家可以对照学习。

　　（10）整个套路演练时间因人而异，初级阶段手脚不协调，顾此失彼，时间的长短是不确定的；逐渐拳架熟练了，心静下来，尤其是想体会内劲的运行时，时间上会花费多一些；一旦内劲充盈，虚实分明，拳势绵绵不断，行拳速度相对要快。过去前辈练一套大架，一般用时在十三分钟至十八分钟，杨澄甫的长子杨振铭最快，只用了八分钟。"外家拳术，以跳踯为能，用尽气力，故练习之后，无不喘气者。太极拳以静御动，虽动犹静，故练架子愈慢愈好"。杨澄甫先师讲的"练架子愈慢愈好"，是以外家拳的快练做参照，所以才讲愈慢愈好，学者不可曲解。太极拳一动无有不动，慢练不可慢到呆滞，快练不可使呼吸局促。根据笔者多年练拳的体会，我打一套108式拳的时间基本在二十分钟多点。当然，目前我的拳架又有所改变，速度又快了些，已经不再拘泥于时间的长短了。

四、拳式动作名称

第一段

第1式　预备式

第2式　太极起势

第3式　揽雀尾

第4式　单鞭

第5式　提手上势

第6式　白鹤亮翅

第7式　左搂膝拗步

第8式　手挥琵琶

第9式　左搂膝拗步

第10式　右搂膝拗步

第11式　左搂膝拗步

第12式　手挥琵琶

第13式　左搂膝拗步

第14式　进步搬拦捶

第15式　如封似闭

第16式　十字手

第二段

第17式　抱虎归山

第18式　斜揽雀尾

第19式　肘底看捶

第20式　右倒撵猴

第21式　左倒撵猴

第22式　右倒撵猴

第23式　斜飞势

第24式　提手上势

第25式　白鹤亮翅

第26式　左搂膝拗步

第27式　海底针

第28式　扇通背

第29式　翻身撇身捶

第30式　进步搬拦捶

第三段

第31式　上步揽雀尾

第32式　单鞭

第33式　云手（一）

第34式　云手（二）

第35式　云手（三）

第36式　单鞭

第37式　高探马

第38式　右分脚

第39式　左分脚

第40式　转身左蹬脚

第41式　左搂膝拗步　　　　第49式　回身右蹬脚
第42式　右搂膝拗步　　　　第50式　双风贯耳
第43式　搂膝栽捶　　　　　第51式　左蹬脚
第44式　翻身撇身捶　　　　第52式　转身右蹬脚
第45式　进步搬拦捶　　　　第53式　进步搬拦捶
第46式　右蹬脚　　　　　　第54式　如封似闭
第47式　左打虎式　　　　　第55式　十字手
第48式　右打虎式

第四段

第56式　抱虎归山　　　　　第59式　右野马分鬃
第57式　斜揽雀尾　　　　　第60式　左野马分鬃
第58式　斜单鞭　　　　　　第61式　右野马分鬃

第五段

第62式　揽雀尾　　　　　　第65式　玉女穿梭（二）
第63式　单鞭　　　　　　　第66式　玉女穿梭（三）
第64式　玉女穿梭（一）　　第67式　玉女穿梭（四）

第六段

第68式　揽雀尾　　　　　　第78式　左倒撵猴
第69式　单鞭　　　　　　　第79式　右倒撵猴
第70式　云手（一）　　　　第80式　斜飞势
第71式　云手（二）　　　　第81式　提手上势
第72式　云手（三）　　　　第82式　白鹤亮翅
第73式　单鞭　　　　　　　第83式　左搂膝拗步
第74式　蛇身下势　　　　　第84式　海底针
第75式　右金鸡独立　　　　第85式　扇通背
第76式　左金鸡独立　　　　第86式　转身白蛇吐信
第77式　右倒撵猴　　　　　第87式　进步搬拦捶

第七段

第88式　上步揽雀尾

第89式　单鞭

第90式　云手（一）

第91式　云手（二）

第92式　云手（三）

第93式　单鞭

第94式　高探马

第95式　白蛇吐信

第96式　转身十字摆莲脚

第97式　搂膝指裆捶

第八段

第98式　上步揽雀尾

第99式　单鞭

第100式　蛇身下势

第101式　上步七星

第102式　退步跨虎

第103式　转身双摆莲

第104式　弯弓射虎

第105式　进步搬拦捶

第106式　如封似闭

第107式　十字手

第108式　收势合太极

五、传统杨式太极拳108式动作图解

第一段

第1式　预备式

【预备式】动作详述如下。

【动作】身体自然正直（面向南），成开立步站立，即两脚平行分开，两脚尖向前，两脚外侧距离与肩同宽，两膝自然弯曲，重心落在两腿之间。同时，两肩舒松，两臂自然垂落体侧，指尖向下。眼平视前方。（图26）

图26 　　　　　　　图26附图

【预备式】动作要点

（1）"太极者，无极而生"，预备式是太极由静而动前的无极状态，

阴阳未分，混混沌沌，浑然一气，无形无象。身体保持自然端正，心静体松，双脚平松落地，意无杂念。"内固精神、外示安逸"。预备式为小开立步型。

（2）头要正直，颈项自然松竖，下颌微微内收，唇微闭，舌尖轻抵上腭，眼平视前方。

（3）胸部宽舒，不挺不含。两肩自然松落，腋下虚空。两臂下垂，掌心朝内，手指自然松展。

（4）臀微敛，腰松竖。两胯根松开，膝关节对脚尖，裆部自然圆虚。

（5）腹部松净，腿部放松，下盘稳固，重心稳定。

（6）呼吸顺其自然。初学者尤其不要着意顾及呼吸，以自然为度。

（7）练拳起势的方向可自行设定，为能准确表述本套路中各式运行终了的朝向，特约定预备式面向正南站立。

（8）杨澄甫先师特别强调，"尤要精神内固，气沉丹田，一任自然，不可牵强。守我之静，以待人之动，则内外合一，体用兼全。人皆于此势易为忽略，殊不知练法用法，俱根本于此，望学者首当于此注意焉"。

（9）练此式时要凝神静气，稍立片刻。

第2式　太极起势

【太极起势】可大体分为5个动作，详述如下。

【动作1】两臂微外旋至虎口朝前，随即两臂徐徐向前上方举起，渐至大拇指向上，腕高与肩平，两掌心相对，相距约与肩同宽，指尖向前。（图27）

图27

第一章　传统杨式太极拳108式

【动作2】松肩垂肘屈臂，两肘尖下垂，带动两掌弧形上挑，收至面前，掌心相对，指尖斜向上。（图28）

图28 　　　　　　　　图28附图

【动作3】两臂微内旋，掌心朝下按在胸前，虎口相对。（图29）

图29 　　　　　　　　图29附图

37

【动作4】两手微向左右外开,同时内旋坐腕,转掌心朝前,指尖斜向上,向前方按出,掌外侧与肩同宽,腕低于肩。(图30)

图30

图30附图

【动作5】松肩垂肘,自然带动两掌根徐徐向下按至两腿前外侧,两手坐腕,掌心朝下,指尖向前。(图31)

图31

【太极起势】动作要点

（1）初学太极拳先从松柔入手，全身松开，不起拙力，达到柔和圆活。肩要松活，臂不可挺直、肘尖不可向上翻翘。"沉肩坠肘"是练习太极拳的基本要求，肘向上翻翘，肩必耸起，周身合不住劲。

（2）动作1两臂徐徐向前平举时，虎口朝前，渐渐拇指向上领，臂屈中求直，不要挺直。

（3）动作3注意按在胸前的高度，不要过低。

（4）动作5两掌下按时，松肩垂肘带动两掌坐腕下按。坐腕要适度，以自然为好。动作到位时，如同两手各自按在球上，手与脚相合，手上是涨满的。两臂屈中求直，不要挺直，两肘不要提架。

（5）由预备式进入起势，由无极而太极，是一个从上向下节节松落的过程，松肩松肘垂臂，敛臀松腰松胯，屈膝劲到脚下，完成下实上虚动态，再由脚下向上反出的劲力由腰脊带动双臂上举，达于意念中的接触点上（大拇指侧掌根处）。这就是太极拳的"力起于脚，发于腿，主宰于腰，形于指"的具体体现。整个起势的收、按动作都应做到下肢与上肢的节节贯穿、协调一致。

（6）从太极起势开始到收势合太极，动作的速度要均匀，式与式之间的连接要相连不断，一气呵成。

（7）崔毅士先生的起势动作含有立圆和开合手的动作，这与早期他跟李香远学过武式太极拳有关。起势中蕴涵着立圆和开合。起手即周身相合，无一处停顿、僵滞，成为了杨式太极拳崔毅士师门在北京传承的标志性动作。这种两手掌心相对平举两臂的起势方式，肩开胸阔，更益于养生。

第3式 揽雀尾

【揽雀尾】包括"左掤、右掤、捋、挤、按"几个式子,可大体分为13个动作,详述如下。

【动作1】左掤式。重心微左移,身势右转;右脚以脚跟为轴,脚掌外摆至西南方向落平。同时,两腕松开,右臂外旋掤起,掌心朝内;左手微向左掤开,掌心斜向内。(图32)

【动作2】两腿渐渐向下屈蹲,重心全部移到右腿,身势继续右转;左脚经右脚内侧轻轻提起。同时,右臂继续向右向上掤至胸前,掌心朝左,左臂外旋抄抱至腹前,掌心朝内。(图33)

图32

图33

【动作3】左脚向前方（南）上步，脚跟先着地，渐渐全脚掌落平，随即身势左转，重心前移成左弓步。同时，左前臂向前方（南）弧形掤出，掌心朝内，高与肩平；右臂内旋，手向右下弧形下採，掌心朝下，虎口朝前，坐腕展指，落于胯外侧。（图34、图35）

图34

图35

【动作4】右掤式。重心微右移，身势右转；左脚掌内扣至西南方向落平。同时，两臂随身体右转继续向左右分展，左手掤势不丢，右手仍保持按掌。眼平视前方。（图36）

图36

【动作5】身势左转，随即重心完全移到左腿；右脚经左脚内侧提起，向前方（西）上步，脚跟着地。同时，左臂内旋屈肘带动左手移到左胸前，掌心朝下；右臂外旋从右向左划弧抄抱于左前臂下方，掌心朝内。眼随视右手方向。（图37、图38）

图37　　　　　　　　　图38

【动作6】右脚落平，重心前移，身势右转成右弓步。同时，右前臂向右前（西）掤起，掌心朝内，高与肩平；左手渐渐坐腕，随弓步向前助右臂掤出，置于右手腕内侧下方，掌心斜朝前。（图39）

图39

【掤式】动作要点

（1）关于动作1脚掌的外摆和动作4脚掌内扣的角度，通常都是讲脚尖对准的方向。在练习时，一般以脚内侧在45°线上为宜。因为人的腿形有O型腿，有X型腿，走路有外八字脚、内八字脚，所以外摆或内扣脚时，要根据个人的舒适情况而定。前辈学拳时摆脚或扣脚没有度数之说，往往师父给摆在哪就是哪。本文只写出外摆或内扣的方向，初学时可根据个人的舒适度调节。

（2）"向前方上步"指的是向拳势运动的方向上步，上步时要注意两脚之间迈出一个自然裆的横向距离，右脚宜往右前方落步，左脚宜往左前方落步，落步后两脚外侧与肩同宽，前后脚不可踩在一条线上。

（3）左掤式和右掤式，左脚或右脚上步时，先以脚跟着地，待前脚掌落平后，松开脚踝，再屈膝向前移动重心。向前上步时不可牵带身体重心，向前弓步时不要将身体重量压在膝关节上。初学者练习时，在脚跟落地后，要给放平脚掌一点时间，只有脚踏实地了，才能松开周身，顺畅完成动作。

（4）重心前移时，上体须保持正直，腰、肩、胯须协调一致，身体不可前俯后仰；弓步到位时要敛臀，前面小腿与地面垂直，膝关节不可逾越脚尖；前腿胯根掖住，后腿胯根打开，膝关节要对正脚尖方向。传统拳要求裆下一座桥，练拳时，底盘既要松又要绷，还要有弹性。

（5）左臂或右臂前掤时两肩要平正，腕不要高于肩，肘不要高于腕。肘要松垂，不可上翘。左掤式时右掌要按在胯外侧，肘既不能挺直，也不可过度弯曲向上提劲；右掤式时，右手前掤，左手助掤，两手互相呼应。

（6）掤劲如同充气的气球，气不足叫瘪，气太足就爆了。气球充气后，产生向四面八方膨胀出去的力，用手指按压，接触点就会凹进，外侧则包裹过来。也就是说，当遇到外力时，自身产生的含胸拔背的反应，外力越足，蓄劲越大，外力撤掉后又恢复原样，掤就是这样的松弹劲。掤不要将力掤到对方身上，即不要和对方顶劲，所以掤要饱满，既不能瘪，又不可僵硬，如同放风筝，风筝向外飞，手里牵拉的线不能丢。

（7）杨澄甫先师对掤法的释义："必日掤者。黏也非抗也。手向外掤。意欲黏回。又不使己之掤手与胸部贴近。得化劲全赖转腰。一转腰则我之掤势已成矣。"

【动作7】捋式。重心保持在前,左腿微屈。同时左臂外旋掌心翻转斜向上,左手置于右肘内侧下方;右臂边内旋边向右前方伸展,掌心斜朝前,腕高与肩平。(图40)

【动作8】重心后移,身势左转;左腿屈膝坐实,右腿自然屈弓成后坐步。同时,两臂松沉,两掌随转体向左捋带,左手至左腹前,掌心斜朝上;右手跟随左手捋至胸前,两手保持一前臂长距离,坠肘坐腕,掌心斜朝左。(图41)

图40 　　　　　图41

【捋式】动作要点

(1)动作7由掤手变接手时,宜分出虚实,左手先开始外旋动作,右手微向上掤,舒腕展指,然后两手一起旋臂,右肩松开,右手向前伸展,两手相距一前臂长,掌心斜相对。

(2)左捋时身体须保持正直,左臂外旋,此动意在左手带住对方的腕关节,右手心向左附在对方的肘关节上,随着重心后移,松肩垂肘向左转腰捋带。左捋时两臂不可贴肋,左手领着往腹侧运行,右手随着左手走,臂微外旋坐腕,两手保持在一前臂长距离。

（3）由弓步变为坐步，在重心移动前，先要将左腿放松，胯根打开，左膝弯曲，然后再向后移动重心。坐步完成时，坐在左腿上，左腿要保持弹性，左膝要对着左脚尖方向；右腿膝盖上提，右膝关节不要挺直。松开腰胯，胯根要掖住，裆要圆。

（4）向左捋带时，一边捋一边要松肩、撤左肘、沉右腕，不要将两只胳膊长死在肩上。捋时手要轻，劲要短，眼神关注捋势。

（5）捋不要捋到自己身上，也不是两手向左下方拉拽。要左手掤住劲往腹侧收，右手边捋边沉肩垂肘坐腕，左转腰胯向左横捋，微有推按之意。

（6）杨澄甫先师对捋法的释义："捋者，连着彼之肘与腕，不抗不採。因彼伸臂袭我，我顺其势而取之，是收回意谓之捋。"全身重心置于左腿，左脚实，右脚虚。捋敌方左拳的进攻至我胸的左侧，则对方的根力被拔掉，其身体跟着倾斜下来。

【动作9】挤式。身势右转，朝向正西。同时，右手屈臂外旋，向内向上提挂，掤于胸前；左臂内旋经下向左向上划弧，左手合于右手内侧，两手心相对，掌根相搭，高与胸平。（图42）

【动作10】重心前移成右弓步。同时两臂合住向前挤，与胸同高。（图43）

图42　　　　　　　　　　　图43

【挤式】动作要点

（1）图42动作，在挤出之前重心在后腿，身形要转正，两手合于胸前，臂要圆，不要瘪，两手掌根部似贴非贴。

（2）挤时肘不要向上翻翘，两膀不可起劲。

（3）从后坐步变为前弓步时，注意右腿膝关节先松开弯曲，然后再向前移动重心。可保持身体正直，避免前俯；肩部要保持平正；腰、肩、胯须同时向前移动。

（4）挤式到位，弓步右膝不要超过脚尖，将劲力松沉到前脚下。挤，如同汽车在斜坡上为防止下滑，在车轮下面塞上石块一样，俗称给汽车打眼，这样才能真正挤住。所以挤不要将力放在上面，底盘松沉下去非常重要。

（5）杨澄甫先师对挤法的释义："我之捋势失效，则不可不反退为进。用前手侧採其肘。提起后手，加在前手小臂内便乘势挤出。则彼仓猝变化之中，未有不失其机势，而被我挤出矣。"

【动作11】按式。重心保持在前。同时，右臂内旋，掌心翻转朝下；左手掌心朝下经右手背，两手左右分开，两臂自然伸展；两掌外侧相距同肩宽，掌心朝下指尖向前。（图44）

随即，重心微向后移，后腿微屈；同时两臂外旋，两手上提，掌心相对。（图45）

图44　　　　　　　图45

【动作12】重心渐渐后移,左腿屈膝坐实成后坐步,右腿自然屈伸。同时,松肩垂肘,两臂屈收,带动两手向胸前收回,两臂边收边内旋,掌心翻转向下,虎口相对,按化在胸前。(图46、图47)

【动作13】重心前移成右弓步。同时,两掌坐腕,掌心朝向前方,随重心前移,由胸前向前按出,指尖斜向上,腕不可高于肩,两掌外侧不要宽于胸。(图48、图49)

图46 　　　　　　　　　　图47

图48 　　　　　　　　　　图49

【按式】动作要点

（1）由挤式变为图44动作时，腰胯要合住劲，由腰催动两臂，两手向两侧平行分开。

（2）动作11图45的动作没有完成前不要向后大幅移动重心。后坐步时，后腿要先屈膝松开再移动重心，避免后仰，不要凸臀。

（3）两掌随重心后移，渐渐向胸前收回，肩肘须向下松垂，劲力通过腰脊，敛臀坐胯松到脚下，此为按化。有下才有上，劲力松落下去，顶劲自然向上虚灵。

（4）两掌随重心前移向前按出时，要协调一致。弓步到位，按的动作要同时完成。两臂不要过于伸直，上身不可前俯。

（5）杨澄甫先师对按法的释义：敌人乘势挤来时，我用两臂提劲使其挤力落空，然后迅速用两掌心按其手肘和手腕，向前逼按去，如此则对方后仰跌倒于地。

【揽雀尾】动作要点综述

（1）由起势完成下实上虚之后，逐渐松开腕部，身体如同一个向外涨开的球体，重心微左移，开始生发左右的虚实。

（2）太极状态，每一出步必先实腿坐实，虚脚向前迈出，以大拇趾引领，脚跟先着地，脚尖不可扬起过高。松开脚趾、脚踝，放平脚掌，膝关节向前弯曲不要着力，感觉全脚贴实地面再向前移动重心。整个松的过程是从下往上松，松脚趾、松脚踝、松膝、松腰胯。腰胯松开了，渐渐往前移动重心，身上的劲力又渐渐松落下去，直到肩背随之松开。弓步到位时，敛臀坐胯，完成下实上虚的太极状态。将身体松开，内劲也就沉下去了，同时产生顶劲向上的虚灵。拳论云"腰为主宰"，如果腿松不开，胯是死的，腰起不了主宰的作用。此时切记，身上的松沉是内劲下去，而不是将身体重量压下去。就像水管里流水，水向下流，水管不会跟着往下缩。

（3）头部不可左右突然转动或无意识地低头看地。眼随拳势运转，颈部要随着眼去的方向转动，避免颈部僵硬。脸的朝向与腰的位置密切相关，手的运行、眼神所关注的方向都与腰相关。练拳时要做到心无旁骛，眼睛随势而动，关注身前的手的动态，关注主动手的动态，做到拳在心里，人在拳里。

（4）揽雀尾式子里反复出现了向前弓步和向后坐步，向前要先松开前腿再移动重心，向后要先松开后腿再移动重心，这样才能松开周身，产生向下的松沉劲，借助地面反上来的劲力把重心移动过去，完成以下带上的节节贯穿，所以太极拳的向前和向后，不是在一个水平面上的前后移动，而是向前要将劲力落在前脚下，向后将劲力落在后脚下，劲力落下去，上肢要松开，随着落随着将手上的劲力放空；守住自己的中，以达到无过不及。杨式太极拳讲究脚的落地生根，在前弓后坐时还要注意后脚，脚要平松落地，腰胯松活，不要前弓时蹬脚跟，后坐时收脚跟，产生后脚来回滑动的现象。

（5）太极十三势为"掤、捋、挤、按、採、挒、肘、靠、前进、后退、左顾、右盼、中定"。里面蕴含着四正、四隅、八卦、五行。揽雀尾涵盖"掤、捋、挤、按"四正手，掤捋挤按相生相克，生生不息，往复不离不断。杨澄甫先师明确释义"掤、捋、挤、按四式，即黏、连、贴、随"。意即：掤就是黏，捋就是连，挤就是贴，按就是随。掤捋挤按与黏连贴随是一一对应的关系，其用法也非常清晰明了。

（6）揽雀尾的喻意，以对手之臂为雀尾，两手分别执雀之头尾，随其旋转上下。

（7）综上可以看出，揽雀尾是杨式太极拳的重要核心拳式，在全套路108个式子里，揽雀尾共8个（包括两个斜揽雀尾）。

第4式　单鞭

【单鞭】可大体分为4个动作，详述如下。

【动作1】重心微向后移，右脚掌变虚后，身势左转，右脚掌内扣至南偏东落平。同时，屈臂沉肘，保持坐腕立掌，随转体以左手引带右手从正西向左弧形抹转至东南方向，腕高与肩平，掌心朝外，指尖向上，两手外侧与肩同宽。（图50、图51）

图50　　　图51

【动作2】重心逐渐右移到右腿，左脚跟以脚掌为轴辗转内收。同时，双手继续向左划弧至身体左侧，松肩，右臂外旋，肘尖下垂，前臂向上立起，掌心朝左；左臂松展，手腕松开，掌心斜朝外。（图52）

图52

【动作3】重心全部移到右腿，身势右转，左腿屈膝上提，左脚向内收回，随即开胯向左前方（东）上步，脚跟着地。同时，松开右腕，右臂继续外旋，从左肩前向内向右收到下颌前，掌心朝内，屈腕五指松垂收拢；左手随转体向下向右划弧抄抱，经腹前置于右手下方，与右手相抱，掌心朝内，指尖向右。（图53、图54）

【动作4】左脚掌落平，身势左转，重心前移成左弓步。同时，右手屈腕向右后方伸展，指尖下垂，轻轻贴合捏拢成勾，勾尖向下，手腕提住，高与肩平；左臂内旋，向上划弧，松肩垂肘，翻转掌心，坐腕立掌随重心的前移由胸前向左前方按出（东），掌心斜朝前，腕部不高于肩。（图55、图56）

图53

图54

图55

图56

【单鞭】动作要点

（1）动作1要注意"先移重心后转体"。要以腰为主宰，做抹转动作。右脚内扣要扣到南偏东方向，首先向后微移重心，松开右腿，转动腰胯，连同膝、脚一起内扣，就像门要靠门轴的转动打开一样，腰动脚动，腰停脚停。上肢动作是左手领带，右手跟随。

（2）动作2注意也要先移动重心，然后再接动作3向右转体的动作。这种运动方式很重要，如果此时边转边移重心，支撑腿受到扭转力，不能得到彻底放松。

（3）动作3左脚迈出时，右腿支撑，膝关节对正脚尖不可内扣，左脚上步时，左胯根要打开。右手从左侧屈腕五指松垂向右划弧至下颌的动作俗称"将胡髭"，以右手为主，左手松开向下向右划弧抄抱，左右两手各走各的路线，注意在腰的催动下，两手圆活地屈伸运转，完成动作。

（4）动作3注意勾手的握法和用法，右手不要使劲抓勾，造成腕部紧张。正确的做法是当右手经下颌时，五指蜷曲不要抓勾，当右手向右后方屈腕伸展时，腕部上提，在指尖自然下垂的状态下，五指轻轻贴拢，手心要松活。这样右手勾自然握顺，同时不影响肩、肘、腕的松活。

（5）动作4右勾手向右后方伸展，要舒松自然，肘部不要抬起，臂不可挺直或过于弯曲。单鞭动作完成时，如果右脚尖朝南或偏西，原因是脚没有扣到位。应在向前移动重心时，松开右腿，右脚以脚跟为轴向内扣转，扣到自己舒适的位置。这是传统的练法，扣脚掌而不能蹬脚跟。

（6）练习杨式太极拳时要注意做到周身放松、自然舒展、中正协调。移动重心时要保持平稳，不前俯后仰，不凸臀扭胯。举手投足做到步型标准，步距适中；不耸肩翘肘，手的位置不可偏离要求，头随势而动。每一式都可按这些要点去做。

（7）传统杨式太极拳的碾步，要以脚跟为轴脚掌内扣或外摆。在腰的带动下，脚掌轻贴地面，如同碾子在碾盘上移动。要避免腰不动而脚擅自动作，或者脚尖高高翘着做内扣、外摆的动作。

（8）从揽雀尾的按式到完成单鞭动作，从右弓步到左弓步，方向转了

180°。单鞭是转换方向的重要动作之一，杨式太极拳108式套路中，单鞭动作有10个（包括斜单鞭1个）。

（9）单鞭的劲力传导，由右手撮勾提腕起，经右肘、右肩、脊背、左肩、左肘而达于左手掌根，同时与脚上上来的劲力合在一起。两臂伸展，如同挑担。伸展不是挺直，杨式太极拳强调的是屈中求直。

（10）单鞭式意为单手鞭击，单式练习时，也可双手向左右分击，名为双鞭式。杨澄甫先师对动作3图54的动作解释是："将右手五指合拢，下垂作刁字势，此时左掌暂驻腰间，与刁手相抱……"由此可见崔毅士先生一直保持着澄甫先师的早期练法。从用法上讲，右手撮髯动作实则为向回搂带、刁手，搂不成则反腕击打对方下颌，左手按掌随弓步进逼左侧敌方之胸部，勾先、掌后。我的师父曹彦章先生名其为"勾打掌打，勾先掌后"。

第5式　提手上势

【提手上势】可大体分为3个动作，详述如下。

【动作1】重心微向后移，身势微向右转，左脚掌内扣至东南落平。同时，两手腕松开，左手掌心朝下，微内扣，右手松腕，仍是捏勾状态，指尖下垂。眼神关注左手方向。（图57）

图57

【动作2】重心移到左腿，右脚跟向上提起。同时，右手松勾，两臂松展于体侧，掌心朝下。（图58）

图58

【动作3】重心全部移到左腿坐实，右脚提起，经支撑腿内侧向前方（南）落步，脚跟轻轻着地，脚掌微向上翘，成右虚步，随即，腰向右转，调顺身势。同时，两臂松肩屈肘向体前提合成侧立掌。右手掌心朝左，指尖高与眉齐；左手合于右肘内侧下方，左掌心朝右。面向正南。（图59、图60）

图59 　　　　　　　　图60

【提手上势】动作要点

（1）动作1实腿碾转，左脚掌内扣。扣脚时左手腕松开，掌心转向下，右手腕松开即可，不要急于松勾展指。此时眼神关注在左手方向上。

（2）动作2当重心左移右脚跟向上提起时，松开右勾手。

（3）动作3右脚不要从图58位置直接走直线向南落步，而是要像图59一样，提膝，右脚经过左支撑腿内侧向南落步。眼神要随着右腿提膝、调整腰胯、脚向正南落步而逐渐向正南放出去，并将腰身骨架调顺。

（4）双手从两侧向胸前提合时，意在左手接触对方的腕部，右手接触对方的肘部，两手向里合住即可，以静待动，不可着意向前推。

（5）此式注意右脚跟落地在先，劲力由脚而起，经腰胯顺脊而上，然后形于指，达到节节贯穿。如果合手的动作和脚落地的动作同时到位，腰上断劲，劲力则不能从下贯穿上去。

（6）腰胯要放松，裆要圆，敛臀坐实在支撑腿上，放松肩臂，身体保持正直。

（7）提手上势为"提合"之劲。杨澄甫先师对提手上势的精典释义为"同时将两手互相往里提合，是为一合劲，右手在前，左手在后，两手心左右相向，两腕提至与敌人之肘腕相衔接时，须含蓄其势，以待敌人之变"。

第6式　白鹤亮翅

【白鹤亮翅】可大体分为5个动作，详述如下。

【动作1】重心后移到左腿,右脚前脚掌上翘,身势左转。同时,左臂渐外旋,左手引领右手向左下划弧捋带,左手至腹前,掌心斜朝内;右手与左手相距一前臂长,右掌掌心斜朝外。(图61)

【动作2】重心全部移到左腿,右脚轻轻提起向右前方(正南)上步,脚跟着地。同时,左臂内旋,向外向上划弧,掌心朝下;右臂外旋向左上划弧于左手下方,两手掌根相搭,合抱于左胸前。(图62、图63)

图61

图62

图63

【动作3】右脚掌落平,身势右转,右腿屈膝前弓成右弓步。同时,两臂掤圆,随转腰弓步向前下方连靠带挤,即一边转一边靠,挤至右膝上方(俗称车轮挤)。(图64)

图64

【动作4】身势左转,右脚掌内扣,脚尖朝向东南方向。随即重心全部移到右腿坐实,左脚提起,经右脚内侧向前方(正东)落步,脚掌着地。同时,右臂内旋,松肩垂肘置于身体右侧,掌心朝下,虎口朝前;左手合于右前臂内侧。调整身势,右手屈臂弧形上提至胸前。(图65、图66)

图65

图66

【动作5】右脚踩地长腰伸展架势成高虚步。同时，右手以虎口引领向上提护至头部右前上方，掌心朝前；左手弧形下落至左胯旁，掌心朝下，指尖向前。（图67）

图67

【白鹤亮翅】动作要点

（1）白鹤亮翅式前面三个动作是紧接提手上势的后续对敌变化。杨澄甫先师在提手上势中说"两腕提至与敌人之肘腕相衔接时，须含蓄其势，以待敌人之变，或即时将右手心反向上，用左手掌合于我右腕上挤出亦可"。崔毅士先生的练法即合此意境，此时设想为对方进身，我则左转打捋，对方撤退，我则弓步打挤。

（2）动作3向前弓步做车轮挤时，要边右转腰边向前移动重心，同时合抱两臂向前下方连靠带挤。要求身体正直，肩背部松开，劲力从前脚向下松沉。不可过分向前俯身或身形转向正南后再落上臂，使前挤与转腰脱节。

（3）动作4左转扣右脚时，右臂要完全放松，右手不可用劲下按。

（4）动作5"白鹤亮翅"为"提"劲，动作完成时，两肩要保持平正，右手向上提，掌根微向外撑。注意右脚踩地长腰伸展和左手按掌二者与右手上提的呼应关系。

（5）杨班侯先生在《全体大用诀》中一句"海底捞月亮翅变"，其用法是右手以虎口为力点，从下向上弧形提至胸前，随即以左手下按和腿的蹬踩劲向上托架对方的下颌或肘、臂。

（6）"白鹤亮翅"两臂上下分展斜开似鸟展开羽翼，要舒展自然。

第7式　左搂膝拗步

【左搂膝拗步】可大体分为4个动作，详述如下。

【动作1】重心移向右腿，身势右转，左腿屈膝向上提起。同时，右臂外旋，右手由上弧形下落至右腹侧，掌心朝内；左手渐外旋，自左下向前、向右上划弧至面前，掌心朝右。（图68、图69）

图68　　　图69

图70

【动作2】身势继续右转，重心全部移到右腿；左膝向上提起，左脚向右腿内侧收回。同时，右手向右斜上方（南偏西）划弧，腕低于肩，掌心朝前，拇指向上；左手向右划弧经面前至胸前，掌心朝下，指尖向右。（图70）

【动作3】身势微左转，左脚向左前方（东）迈出，脚跟着地。同时，右手屈臂收在耳侧，掌心朝前，指尖向上；左手向前探出，掌心朝下，指尖向右。（图71）

【动作4】左脚掌落平，左腿屈膝向前，身势继续左转，重心前移成左弓步。同时，左手向前向左绕膝弧形搂至左膝外侧，坐腕按掌，掌心朝下，指尖向前；右手顺势经右肩前坐腕向前推出，腕低于肩，掌心朝前成侧立掌，指尖向上。（图72、图73）

图71

图72 　　　　　　　图73

【左搂膝拗步】动作要点

（1）杨式太极拳向前上步时，先敛臀坐在支撑腿上，另一腿膝关节上提，以大脚趾向前引领迈出，到位随即落脚跟，松开脚踝，把脚放平后，屈膝向前移动重心，注意此时膝上不要压力，当感觉前脚掌与地面贴实，松胯、松腰，放松肩背。这就是太极状态时的从下向上松，当腰胯松开后，上身也就很容易松开了，也就是我们常说的从上往下放，完成太极拳的下实上虚。

（2）动作2"太极拳是一条腿的运动，走到哪就坐到哪"。这话很有道理，尤其是在连续上步的动作时，会敛臀坐在支撑腿上，胯根就能收，上身能松，实腿能沉，虚腿自然虚灵。

（3）动作1和动作2双手弧形运转的动作过程，要注意松肩。右手由前上方向下向右后方划弧扬起的过程中肩关节就要节节松开。动作2如同右手牵拉着左脚收到支撑腿内侧，在太极拳运动中，手和脚的动作在腰的带动下要相互呼应。

（4）注意动作3向前上步前，不要将腰胯正对上步的方向，因为这时后脚呈45°，转正了腰胯再上步，势必会加大后腿膝关节的扭转角度，后腿难以松开，这种情况下前移重心，膝关节易受损伤。另外，"搂膝拗步"是一个先搂后推，边松沉边转体前移重心的动作，如果先将腰胯对正前面上步，也就意味着提前将腰胯转向了正东，那么上步后的转体搂掌就缺少了同时转体的动作。

（5）动作3屈右臂的动作，要做到松肩垂肘、折收前臂，肩、肘和上臂不可上抬。

（6）动作3、动作4是搂、推的动作，上步的脚一落地，要同时完成右手折臂的动作，并通过腰胯传导，将搂手向前探出，到达裆前的左膝内侧，真正起到护裆、护膝的作用。搂膝拗步要先搂后推，转腰搂为防在先，左手用搂法沾粘对方袭来的手或足，随即继续搂按左掌，弓步时右掌向前推至对方胸部。还要注意，转腰搂手绕膝时，准备前推的右手要渐渐坐腕至右肩前，掌心朝前，虎口张圆，右手从这里开始向前推掌。

（7）练拳架时要注意身体和四肢的协调配合，弓步动作到位时，前推的掌也要到位。还要注意按掌，掌松沉的按住，力由脚下起，通过胯将下肢与上肢连接起来，劲力贯通于掌根。右手坐腕随弓步前推，弓步停手也停，到位时，推手掌根不要高于肩，侧立掌，拇指对正自己的衣扣中线上，不要落在右侧肩前的位置。搂膝拗步推出的掌，意在打对方的膻中穴，前推的掌还要有护住自己中线的意识。

（8）"搂膝拗步"为"进"劲，是拗步步型，出左足，伸右手，即左脚在前，右手在前，所以动作完成时，两肩要平正，不可侧身，不要右掌着意前推，出现右肩靠前、左肩靠后、身形不正的姿势。

第8式　手挥琵琶

【手挥琵琶】可大体分为5个动作，详述如下。

【动作1】重心前移到左腿，右脚跟提起。同时，左手下按，右手坐腕前引。（图74）

图74

【动作2】右脚稍向前跟进，脚掌先着地，随即右脚落平，脚尖朝向东南方向，身势微向右转。同时，右手松腕，右臂内旋屈臂，左臂边外旋边向前方伸出，两手掌心都朝右，指尖向前，两手相距一前臂长，高与肩平。（图75）

图75

【动作3】身势继续右转，重心后移到右腿，左脚掌向上翘起。同时，随身势后移，右手带领左手向回捋带至肩前，两掌相距一前臂长，掌心都朝右，指尖向前。（图76）

图76

【动作4】重心全部移到右腿，左脚提起，随即下落，脚跟着地，脚尖上扬，膝微屈成左虚步。同时，右手外旋，左手扣腕，双手裹合向右下弧形回收，右手掌心斜朝内置于右腹侧。两手间一前臂长不变，掌心斜相对，指尖斜向前上方。（图77、图78）

图77 　　　　　图78

【动作5】身势左转，左脚跟钉实。同时，双手向前上方送出，左手食指高与眼平，掌心朝右；右手合于左肘里侧下方，掌心朝左。（图79）

图79

【手挥琵琶】动作要点

（1）右脚跟步有三种情况，一种是向前跟进约三分之一步长，这种方法比较常见；另一种是后腿向前跟进，右脚收至左腿内侧时不落地，复向后落回原地，这种方法比较容易放松后腿；第三种是将右脚直接跟进在左支撑腿内侧，此种方法难度最大。

（2）动作3要靠重心后移、身势右转、屈右臂，用身势带动两手节节贯串地向后捋带回来。左手指尖始终不要偏离正东方向。左脚尖上翘与后移重心相关，不可妄动。

（3）动作4两手採按、裹合至右腹侧，右手距离右腹约一拳的距离，左手指尖向着要去的方向，两手相合距离一前臂长。

（4）动作5要周身合住劲，松腰落胯，坐实右支撑腿，左虚腿脚跟落地，膝关节上提，松开上身，两手有前送之意。左手要对正鼻中线。

（5）"手挥琵琶"，两手相抱，如抱琵琶状。杨班侯在《全体大用诀》中讲"手挥琵琶穿化精"，右手自下向上穿出，把对方的来手迎住，左手向右拨打。拿住对方的劲路。崔毅士先生是杨澄甫先生的早期弟子，在"手挥琵琶"这个拳势上打的是发劲。

第9式 左搂膝拗步

【左搂膝拗步】可大体分为4个动作,详述如下。

【动作1】身势右转,重心微后移。同时,右臂外旋向下划弧落在右腹侧,掌心朝内;左臂外旋,向右划弧至面前,掌心朝右。(图80)

图80

图81

动作2至动作4与第7式的动作2至动作4的动作图片和动作说明完全相同。(图81)

第10式　右搂膝拗步

【**右搂膝拗步**】可大体分为4个动作，详述如下。

【**动作1**】身势左转，左脚掌外摆落平，重心前移，后脚跟向上提起。同时，右手随转体慢慢放松手腕向左划弧，掌心朝左，指尖斜向上；左臂渐渐外旋，翻转掌心朝内，高与胯平。（图82）

【**动作2**】身势继续左转，重心全部移到左腿，右脚向左腿内侧收回，膝向上提起。同时，左手向左斜后方（北偏西）划弧，腕低于肩，掌心朝前，大拇指向上；右手向左划弧经面前至胸前，掌心朝下，指尖向左。（图83）

图82

图83 　　　　　　　　图83附图

动作3、动作4与第7式动作3、动作4完全相同,左右相反。(图84)

图84

第11式 左搂膝拗步

左搂膝拗步与第10式右搂膝拗步动作相同,左右相反。

【搂膝拗步】动作要点

(1)太极十三势包涵内容为掤、捋、挤、按、採、挒、肘、靠,前进、后退、左顾、右盼、中定。太极拳的步法也主要是以前进步、后退步、侧行步组成,搂膝拗步是前进的步法,是太极拳的基本步法之一。

(2)三个连续的搂膝拗步式子,属于连续向前上步的拳势,实腿碾转,身体不后坐,重心不后移。传统杨式太极拳讲究脚落地生根,一步一桩,在搂膝拗步连续上步的过程中,脚掌外摆落地后,就不要再来回地蹬扣,像滑冰一样脚下无根。

(3)"搂膝拗步"左式换右式之间的脚掌外摆的动作是磨转步,也叫

"碾步"。要在腰的带动下，以脚跟为轴，脚掌轻贴地面碾转，就像碾子在磨盘上转动。不要做成脚尖上扬，脚掌离开地面向外挪动。在太极拳的动作中，所有脚的外摆、内扣等动作都离不开腰的带动，脚不可独自妄动。在碾步过程中，胯动、腰转、膝关节要保持正对脚尖。

（4）杨式太极拳在连续上步时要求实腿碾转，此时不可将身体重量压在实腿上。腰胯要松柔圆活，胯走"∞"字，也要分虚实，不只是在一个水平面上活动。碾转时虚腿胯在下为实，实腿胯在上为虚，以此减小碾步的阻力。腰与胯的关系详情请参看本书后面第二章"传统技法"一节中的松腰活胯。

（5）杨澄甫在《太极拳之练习谈》中说："两腿宜分虚实，起落犹似猫行。"要做到这点，两腿分出虚实是关键，实腿渐实，虚腿渐虚，以实腿的向下松沉带动虚腿向上轻灵。以实带虚，不可虚腿自顾自地向前迈步。

（6）另外，一旦实脚碾转完成，脚放平的瞬间，重心前移，虚腿的脚跟要向上提起，然后以实腿的松沉劲带动虚腿向支撑腿内侧收回，这样才能迈出轻灵的步法。

（7）其余参考第7式左搂膝拗步动作要点。

第12式　手挥琵琶

与第8式手挥琵琶动作完全相同。

第13式　左搂膝拗步

与第9式左搂膝拗步动作完全相同。（图85）

图85

第14式　进步搬拦捶

【进步搬拦捶】可大体分为6个动作，详述如下。

【动作1】身势左转，左脚掌外摆至东北方向，重心前移，右脚跟向上提起。同时，左臂渐渐外旋，掌心翻转朝内；右手松腕屈指，手心朝下。（图86）

【动作2】身势继续左转，重心全部移到左腿坐实，右膝向上提起，小腿自然下垂。同时，左臂继续外旋，左手引带右手向左后收回至左腹前，掌心斜朝上；右手边收边握拳收回到体前，拳心斜朝内，两手相距一前臂长。（图87）

图86

图87

图87附图

【动作3】右脚向前（东）上步，脚跟着地。随即右脚落平，身势右转，重心前移到右腿成右弓步。同时，右臂外旋，右拳向左、向上经左肩前向前搬出，与胸同高，拳心斜朝上；左手向左、向上划弧，经耳侧随右拳向前按掌，掌根在右拳左斜前上方，相距约一拳的距离，掌心斜朝前，指尖斜向上，成侧立掌，高与胸平。（图88、图89）

图88

图88附图

图89

【动作4】身势右转，右脚掌外摆落平，重心前移到右腿，左脚向前收至右腿内侧。同时，右拳下收至右腹前，拳心向上；左手屈臂外旋，经面前向右划弧，掌心朝右，指尖斜向上。（图90、图91）

图90

图91

【动作5】左脚向前（东）上步，脚跟着地。同时，右拳向右后收至胯侧，拳心向上；左臂向下继而内旋向前划弧拦掌，掌心斜朝前，指尖向上，成侧立掌。（图92）

图92

【动作6】左脚落平，重心前移成左弓步。同时，右臂内旋向前打拳，拳眼向上，拳面斜朝前，高与肩平；左手顺势屈收，掌指附于右前臂内侧。（图93）

【进步搬拦捶】动作要点

（1）动作2收拳收脚，应以左掌领带右拳到达相应位置，此时完成右脚的收回。

（2）动作3右脚向前迈出、落平，前移重心时，以右拳领带左手完成搬拳和按掌。下盘和上肢左右两侧要相互呼应，有主有次。

图93

（3）眼神要关注右拳的收回和搬出。

（4）搬拳要以肘为轴，寓意为用右小臂翻压对方打来的拳，腕部不要屈；同时左掌意在按在对方的肘上。搬是防的动作，防对方击来的右手。

（5）向右化和向左拦时，右臂渐渐屈肘向后，右拳不贴身、不离身，右肘不要向后出得太多以致造成散乱。收左脚向右划弧，上左脚向前拦掌，落脚、松腰胯、沉身，动作要随腰而动。

（6）待上步的脚落平后再向前弓步打拳，身形保持中正。

（7）搬拦捶是太极五捶之一，名列五捶之首。左手搬开对方之手并拦阻，另一手以拳迎击，主要是应对对方右拳的攻击。杨澄甫先师说："此拳之妙用，所以全在搬拦之合法也。"崔毅士先生的独特练法，当我右手握拳以右前臂搬压对方右臂，左掌直接向前按在对方的右肘或上臂上，同时，向前右弓步沉身以制约对手。随即左脚上步，左手向左拦掌，右拳随重心前移向前弓步打击对方胸部。搬为防，拦为化，捶为击。

第15式　如封似闭

【如封似闭】可大体分为4个动作，详述如下。

【动作1】身体松沉，重心稳定在左腿，右胯根打开，右腿松开，右膝稍外开。同时，右手握拳，臂向前伸展，右肩松开；左手下落，左臂外旋，掌心翻转朝内，置于右肘下方。（图94）

【动作2】右腿渐渐屈膝，身势微向右转，重心后移到右腿。同时，右拳渐渐松开变掌，随重心后移沉肩屈肘向里抽带，左手经右肘下沿右前臂向前掤出，两手掌心朝内，腕部相搭，似贴非贴，右手在里，左手在外，高与肩平，指尖斜向上。（图95）

图94 　　　　　　　　　　图95

【动作3】身势左转，坐实右腿成后坐步。同时，两臂屈肘内旋，两掌向左右分开，收按在胸前，掌心斜朝前，指尖斜向前上方。（图96）

【动作4】重心前移成左弓步。随着重心前移，两掌向前按出，掌心斜朝前，指尖向上，腕高与肩平。（图97）

图96　　　　　　　　　　　　　图97

【如封似闭】动作要点

（1）搬拦捶完成后，假设的动作是右拳被对方用左手握住，此时不要急于向后抽拳。注意动作1中松肩伸展右臂的动作，这也是太极拳中重要的"舍己从人"的理念。此时左手顺势下落在右肘下方，同时，后腿要松开，膝关节要屈曲并打开胯根做好向后移动重心的准备。

（2）动作2要用向后移动的身势将右臂抽回，同时，回抽的劲力从右侧传导到左侧将左手掤出，两手腕在胸前交叉形成十字手，如在身前打封条。

（3）动作3"两掌向左右分开，收于胸前"，如同闭户，护住自己的身前部位，同时也是蓄合状态。

（4）弓步向前按掌时，劲由脚下起，顺脊而上，周身合住劲，要做到上下相随，立身中正。

（5）杨澄甫先生解释"两手心朝里斜交，如成一斜交十字封条形，使敌手不得进，犹如盗来即闭户，此谓之如封之意也，同时含胸坐胯，随即分开，变为两手心向敌肘腕按住，使不得走化，又不得分开，此谓之似闭，似闭其门不得开也"。封以自固，闭以逼敌，一开一合，自在其中。

（6）要注意如封似闭与揽雀尾之按式的不同，如封似闭走的是关门闭户，揽雀尾按式走的是引进落空，合即出。

第16式　十字手

【十字手】可大体分为4个动作，详述如下。

图98

【动作1】重心微向右移，身势右转，左脚掌内扣，朝向正南。同时，随转体带动两掌移到面前，两臂呈弧形，两手虎口相对，相距脸宽，掌心朝前。（图98）

【动作2】右脚外摆至正南，重心右移。同时，两手向左右两侧展开，掌心斜朝前下方。（图99）

图99

【动作3】重心全部移到左腿，右脚收到左脚内侧，两脚外侧与肩同宽，脚掌先着地渐渐全脚踏实，重心移到两腿中间。同时，双手从两侧垂指下落抄抱到腹前，掌心朝内，左手在里，右手在外。（图100、图101）

【动作4】两腿渐渐直立，两膝微曲，成开立步，朝向正南。同时，两臂外旋，经胸前向上掤出，腕部交叉，右手在外，左手在内，与肩同高；两掌心都朝内，指尖斜向上。（图102、图103）

图100

图101

图102

图103

【十字手】动作要点

（1）重心左右移动时裆要松圆，要先松开虚腿，胯根和膝关节外开，再移动重心。

（2）动作3两掌从左右两侧划弧经腹前时，左手在内，右手在外，右手心轻贴在左手背上，指尖斜向下。然后，双手相贴，向上经胸前掤出，两手指尖顺势转向斜上方，两臂需饱满。

（3）注意动作4图102，手要先动，之后敛臀坐实、双脚踩地将劲力通达于两臂。两腿直立起来时，不可向前俯身或臀部后凸，注意脚跟松沉，裹住裆劲，腰要松竖，头部上领，双手上捧。柔中寓刚，不用拙力。

（4）十字手，两手腕交叉相搭，状如十字，用的是开合劲，动作2为开，动作4为合。"十字手法变不尽"，两手腕部交叉掤于胸前时，双手虚实交替变化，拧裹旋翻可攻可防，变幻莫测。

（5）杨澄甫先师云"如敌变双手按来，我即用双手将敌手由内往左右分开，手心朝上，或向下均可，惟结成十字手时，同时腰膝稍松，往下一沉，则敌所向之力，即自散失不整矣"。太极拳最为宝贵的就是这种变化，不是一成不变的招法，而是舍己从人地自如应对。

第二段

第17式 抱虎归山

【抱虎归山】可大体分为5个动作，详述如下。

【动作1】身势右转，左脚掌内扣至西南落平，两腿渐屈，重心左移，右腿屈膝向上提起。随重心左移，左手由胸前向下向左划弧，掌心朝前，拇指

向上，腕低于肩；右手向内向下沉落在左胸前，掌心朝下。（图104、图105）

【动作2】身势继续右转，右脚向右前方（西北）迈出，脚跟着地。同时，左手屈臂收在耳侧，掌心朝前，指尖向上，右手向前探出，掌心朝下，指尖向左，高与腰平。（图106）

【动作3】右脚掌落平，右腿屈膝向前，身势继续右转，重心前移成右弓步。同时，右手向前、向右拦腰搂至右膝外侧，坐腕按掌，掌心朝下，指尖向前；左手顺势经左肩前坐腕向前推出，腕与胸高，掌心斜朝前，指尖向上。面向西北。（图107）

图104

图105

图106

图107

第一章　传统杨式太极拳108式

【动作4】重心微向后移,身势右转。同时,右手边外旋边向右后展开,随即屈臂向上划弧至右耳侧,掌心朝前,指尖向上;左手松腕展臂,掌心朝右。(图108、图109)

图108 　　　　　　　　　图108附图

图109 　　　　　　　　　图109附图

79

【动作5】身势左转，重心前移成右弓步。左臂外旋，左手向内收至右肘内侧下方，掌心斜朝上；右手经左手腕上方向前按出，腕高与肩平，掌心斜朝前。（图110）

【抱虎归山】动作要点

（1）"抱虎归山"为"右转"劲，右搂手的位置在腰处，右转拦腰搂去，比搂膝拗步的搂手位置要高，此手亦为採。

图110

（2）动作2右脚向西北方上步，注意开胯。

（3）动作3当弓步到位后，如果动作1时左脚扣转角度过小，可以松开左腿，扣左胯，左脚掌微向内扣转，适当调整两脚之间的夹角，使自己处于舒适状态。

（4）杨澄甫先师在体用全书中解："右手随腰向右方敌人腰间搂去，复抱回，左手亦急随之往前按，故右手先用覆腕搂去，旋用仰掌收回，如作抱虎式。"抱虎归山是以对手为虎，抱而掷之。上接十字手，下连斜揽雀尾，至动作5抱虎归山式完成。

（5）抱虎归山面向西北方向。

第18式　斜揽雀尾

因拳式动作面向西北方向，故名"斜揽雀尾"。由"揽雀尾"的捋、挤、按动作组成。

斜揽雀尾的动作与第3式揽雀尾中的动作8至动作13动作相同，朝向西北方向。

第19式　肘底看捶

【肘底看捶】可大体分为7个动作，详述如下。

【动作1】重心微向后移，身势左转，右脚掌内扣至南偏西方向落平。同时，屈臂沉肘，保持坐腕立掌，随转体以左手引带右手从西北向左弧形抹转至正南方向，腕高与肩平，掌心朝外，指尖向上，两手外侧与肩同宽。（图111、图112）

图111

图112

【动作2】重心全部移到右腿,身势右转,左脚跟内收,随即左腿屈膝提起。右手松腕收到肩前,掌心朝下,指尖向左;左手松腕,外旋划弧,向下、向右抄抱至腹前,掌心朝内。(图113、图114)

图113 　　　　　　　图114

【动作3】右腿坐实,左脚向东南方向上步,脚跟着地,落平全脚掌。随即重心前移,身势左转成左弓步(朝向东南)。同时,左手向胸前弧形掤起,与肩同高,掌心朝内,指尖向右;右手向右下划弧至右胯外侧,掌心朝下,虎口朝前(东南)。(图115、图116)

图115 　　　　　　　图116

【动作4】身势继续左转,左脚掌外摆至东偏北方向落平,重心前移,右脚跟向上提起。同时,两臂随身势向左开展,相对位置基本不变。(图117)

图117

【动作5】身势继续左转,重心全部移到左腿,右腿屈膝向左腿内侧收回,随即向右后方(西南)撤步,脚掌着地。同时,左臂内旋,向左、向下划弧至左胯侧,掌心翻转朝下;右手展臂向身前划弧,腕与肩同高,掌心斜朝前,指尖斜向上。(图118、图119)

图118 　　　　　　　　图119

83

【动作6】重心移向右腿坐实，左腿虚虚向上提起。同时左手微外旋，掌心朝内，经腹前及右前臂里侧由胸前穿出，掌心向内，指尖斜向上；右手向下沉落于左前臂下方，掌心向下，指微屈。（图120、图121）

【动作7】左脚向前（东）落下，脚跟着地成左虚步。同时，左臂内旋，向身前坐腕按出成侧立掌，腕高不过肩；右臂外旋，渐渐握拳向下收于左肘内侧下方，拳眼向上。（图122）

图120

图121

图122

【肘底看捶】动作要点

（1）动作3是崔毅士先生拳架中特有的动作之一，以朝东南方向的左弓步掤手衔接肘底看捶式。

（2）做动作5时，不要忽略图118的重心完全收回到支撑腿的动作。重心前移，右腿向前跟进，然后再向右后方撤步，不可将右腿直接从图117的位置抡到图119的位置。传统杨式太极拳无论是上肢还是下肢，都要收之于内，然后再由内发出，这点非常重要。

（3）动作7左脚落地后，要将身上的劲力松落下去，稳定好身势。动作完成后，要注意"外三合"，即肩与胯合，肘与膝合，手与足合。

（4）"肘底看捶"又称叶底藏花，是太极五捶之一，走的是"左转"劲。看，看守之意，是肘底下藏了一捶，捶是蓄而未发之势。用时则是右脚蹬地，左脚上步，进身将拳打出。杨澄甫先生在《太极拳体用全书》中说："我即将左腕，抑其右腕，右手急握拳，转至左肘底，虎口朝上，以蓄其势，向机而发。"

第20式　右倒撵猴

【右倒撵猴】 可大体分为4个动作，详述如下。

【动作1】 重心全部移到右腿，左脚虚起，身势右转。同时，右手渐渐松拳，自左肘内侧下方弧形下落至胯侧，右掌心斜朝内，指尖斜向下；左臂松展，左掌心朝外。（图123）

【动作2】 身势继续右转，重心全部移到右腿坐实，左腿向上提起。同时，随转体右手向右后方划弧举至与肩同高，左肩松开，左臂伸展，两手拇指向上。（图124）

图123 　　　　　　　　　　　图124

【动作3】左脚向左后方（西北）撒步，脚掌着地，身势微向左转。同时，右手屈臂向上置于右耳旁，掌心朝前，指尖斜向上；左臂微屈收，掌心朝右，拇指向上。（图125）

【动作4】左脚跟内收落平，身势继续左转，重心移到左腿，右脚以脚跟为轴，脚掌内扣，渐渐转向正前方（东）落平，成右虚步。同时，左手外旋弧形下落至左腹前，掌心朝上；右手从耳侧经左手腕上方向前按出，坐腕立掌，掌心斜朝前，指尖向上，腕高与肩平。（图126、图127）

图125 　　　　　　　　　　　图126

图127　　　　　　　　　　图127附图

【右倒撵猴】动作要点

（1）动作1移重心落右手，眼随右手方向走。要先将重心移动到后腿，稳定后，再转体。边转体边敛臀，坐在支撑腿上，虚腿自然掖胯提膝，虚灵起来。

（2）动作2在虚腿上提两臂展开时，眼的余光要随右手的展开关注一下右手方向，但不要盯着右手看，随即将眼神移向前方。

（3）动作3向后撤步时不要转腰。后撤的脚向后斜方向外开撒步，脚掌先落地，自然放松，然后接动作4脚跟先内收落平，脚尖朝向45°斜方向上，松开脚踝、屈膝，然后边转腰边后移重心，松开胯，松开腰，坐实支撑腿，肩背松落下去。

（4）动作4倒撵猴为"退"劲，要靠身势的后移和转腰带动前脚内扣，腰停脚停。脚要平贴地面碾转，脚尖对正前方后要放松落平，前脚掌落平后，将劲力松落到支撑脚下。

（5）动作4两手在胸前一收一推交错变化时，意念由收回的掌到推出的掌，推出的掌要从收回手的上方通过，不可左右两手没有关联，各忙各的。前掌要在自己胸前防护，不可偏离。收回的掌在腹侧约一拳的距离，不要紧贴，也不要太远。

第21式　左倒撵猴

【左倒撵猴】可大体分为3个动作，详述如下。

【动作1】重心后移，右脚尖上扬。随即身势左转，坐实左腿，右腿向上提起。同时，左手随转体经胯旁向左后方划弧举至与肩同高，右侧松肩，右臂向前伸展，两手大拇指向上。（图128、图129）

动作2、动作3与第20式右倒撵猴动作3、动作4动作相同，左右相反。

图128

图128附图

图129

第22式　右倒撵猴

右倒撵猴与第21式左倒撵猴动作相同，左右相反。（图130）

图130

【倒撵猴】动作要点

（1）"倒撵猴"喻对手为猴，以手引其赶来，向后倒退，乘势袭击。三个连续的倒撵猴式子，属于连续后退步。太极十三势包涵内容为"掤捋挤按採挒肘靠，前进后退左顾右盼中定"。太极拳的步法也主要是以前进步、后退步、侧行步组成，倒撵猴的步法是太极拳基本步法之一。

（2）倒撵猴式为解脱手，要靠向后退步沉身的身势将前手收回。收回时，边外旋边收。前推掌为按出的手法，是由收回的手通过腰背脊将力传导至前手。再次强调，要沉身、松肩，意在收回的掌上，眼要向前掌远处看出去。

（3）"倒撵猴"在套路里"练法退三步，五步，七步，均可，但以右手在前为止"。如果倒撵猴练五个，后面的云手式和野马分鬃式都以练五个为宜。

第23式 斜飞势

【斜飞势】可大体分为4个动作，详述如下。

【动作1】重心全部移于左腿，右脚提起向右后方（西南）撤步，脚掌先着地。同时，左手向左划弧至左胯外侧，掌心朝内，高与胯平；右腕松开，右臂向右划弧舒展，掌心斜朝下，与肩同高。（图131）

图131

图131附图

【动作2】右脚跟内收落平，重心移向右腿，身势右转，左脚随转体脚掌内扣至东南落平，两脚外侧距离与肩同宽。同时，两手随转体带至身体两侧，臂微屈，高与胸平，左手掌心斜朝下，右手掌心斜朝内。（图132）

【动作3】重心全部移到左腿，身势微左转，右脚向右前方（南偏西）上步，脚跟着地。同时，左手屈臂内旋向右划弧至胸前，左掌心朝下；右臂外旋，向下、向左抄抱至左腹前，右掌心斜朝左。（图133、图134）

【动作4】右脚落平，重心前移，身势右转成右弓步。同时，右臂外旋，向右斜上方分展，腕高于肩，左掌心斜朝上；左手顺势下按至胯侧，右掌心朝下，虎口朝前。（图135）

图132

图133

图134

图135

【斜飞势】动作要点

（1）动作1右脚向右后方撤步时，注意落脚的位置是西南方向，同时不要离左脚太近。

（2）动作3右脚迈出的方向要向南偏西上步，接动作4，脚掌落平时要放在正南或稍偏西方向上，裆劲能合住，靠劲能出来。

（3）做动作4时，先将重心催动起来，然后边移动重心边转体，以拧身的身法打出靠劲，由腿而身的拧裹劲。左脚踩地，合住裆劲，节节贯穿地将劲力挒出。

（4）动作4右手向右斜上方分展用的是挒劲，劲往前发，裆劲要下沉，并要注意左手向下採按，以称挒手之势。挒劲为四隅手之一，此时注意要坐实在右腿，松开肩背，右肘向内掩合，不要过分向前探身。左手按掌距腰胯侧约一拳远。

（5）"斜飞势"如鸟斜展两翼而飞。杨澄甫先师云"将右手向右上角分展，用开劲斜击，同时踏出右步，屈膝坐实，似成一斜飞式，其用意亦须称其势也"。以腰身带领手足动作，由靠而挒，以腕劲为主。

第24式 提手上势

【提手上势】可大体分为3个动作，详述如下。

【动作1】重心前移至右腿，左脚向前跟进半步，脚掌离地。同时，两臂继续向两侧分展。（图136）

【动作2】左脚着地，随即重心后移到左腿坐实，身势左转，右脚尖上扬。同时，左臂外旋，两臂屈收至两肩侧前上方，掌心斜朝前，大拇指向上。此时眼神关注左手方向。（图137）

图136

图137

【动作3】与第5式动作3相同。（图138）

【提手上势】动作要点

动作1重心前移时，重心稳定在右腿，不要向上长身。

图138

第25式　白鹤亮翅

与第6式白鹤亮翅动作相同。

第26式　左搂膝拗步

与第7式左搂膝拗步动作相同。（图139）

图139

第27式　海底针

【海底针】可大体分为4个动作，详述如下。

图140

【动作1】重心前移到左腿，右脚提起向前跟进半步。同时，右手坐腕立掌向前引带；左手按在左胯旁，掌心朝下，指尖向前。（图140）

【动作2】右脚掌着地落平，重心后移，身势右转，左脚尖上扬。同时，随转体右手屈臂坐腕收至胸前，掌心斜朝前；左手向前上弧形探出，掌心朝下，指尖斜向前。（图141）

【动作3】坐实右腿，身势继续右转，左膝上提。随即左脚向前落下，脚掌着地成左虚步。同时，右手屈臂提腕至右肩前，掌心朝左，指尖下垂。左手落于裆前，掌心斜朝下，指尖向右。（图142、图143）

图141

图142 　　　　　图143

【动作4】身势左转，折腰下沉。同时，左手绕膝弧形搂于左膝外侧，坐腕按掌，掌心朝下，指尖向前；右手随转腰向前下插，掌心朝左，指尖斜向下。目视插掌方向。（图144）

图144　　　　　　　　　图144附图

【海底针】动作要点

（1）动作1图140右脚向前跟步时要以右掌坐腕向前引带。

（2）动作2图141重心后移时，右手腕要随着右支撑腿的松沉而松开。右手随重心后移屈臂向回收与左手顺势向前探出要协调。

（3）动作3右手向前下插之前，要提腕垂指，指尖指向要去的地方。

（4）动作4右手下插时注意松腰敛臀，通过胯、腰、贯穿脊背、顺肩舒臂而下。下插掌要以指尖引领向下插在裆前正中线上。"海底针躬身就"，如同弯腰取物一般，自然舒适，不可过分前贪。还要注意右手插掌不要做成向下切掌，眼神要关注插掌指向的方向。

（5）本式虽是左虚步步型，注意宜用两条腿负担体重，且重心不要太低，更不可将身体重量全压在右腿上。

（6）杨澄甫先师云："将右腕顺势松动，折腰往下一沉，眼神前看，指尖下垂，其意如采海底之针。"海底，人体穴位名，又称会阴穴、阴跷穴、生死窍、海底轮等。海底针为"降"劲，含手向对方海底穴点刺之意。

第28式　扇通背

【扇通背】可大体分为3个动作，详述如下。

【动作1】上身直起，重心在右腿，身势微右转，左腿虚起成左虚步。同时，右手由前下方上提至肩平，掌心朝左；左手自左膝外侧向前、向上附于右前臂前端，掌心朝外，指尖向上。（图145）

图145

【动作2】重心全部移到右腿，身势继续右转，左脚提起向左前（东）上步，脚跟着地。同时，右臂内旋，将右手抽带至头右侧，掌心朝外，指尖向前；左手下落至胸前，掌心朝右，指尖向上。（图146、图147）

图146

图147

【动作3】左脚掌落平，重心前移成左弓步。同时，右臂屈肘向上托架，置于头右侧上方，掌心朝外，指尖向前；左手由胸前向前坐腕立掌推出。（图148）

图148

【扇通背】动作要点

（1）动作1先将上身直起，然后接动作2，利用身势右转、重心后移，内旋右手臂将右手抽带到头右侧。

（2）动作2左脚向前上步落脚时，右手上架护头，左手下落至胸前，此处要协调动作。右手护住头部，不可向后或向外拉得过多。动作完成时，两手两臂与周身合住劲。

（3）扇通背，以脊椎骨为扇轴，两臂为扇幅，如扇子分张状；通背则是以脊背之力通于两臂，有托架之意。

（4）澄甫先师云："左脚同时向前踏出，屈膝坐实，脚尖朝前，眼神随左手前看，右腿随腰胯伸劲送去，其劲正由背发，两臂展开，欲扇通其背，则所向无敌矣。"扇通背既是托架的功夫，也是接手的功夫，右手除了上架护头，还要随重心前移与左手呼应协调一致。沉肩垂肘，松腰落胯。两臂撑开，劲发于背。

第29式　翻身撇身捶

【翻身撇身捶】可大体分为6个动作，详述如下。

【动作1】重心微向右移，身势微向右转。同时右手握拳屈臂下落，置于腹前，拳心向下；左手顺势向上、向右摆动，置于左额头上方，掌心朝外，指尖斜向上。（图149）

图149

随即，身势继续右转，带动左脚掌内扣，右肘尖向右后方（西偏北）顶出。眼神关注肘尖方向。（图150）

图150

【动作2】重心全部移到左腿坐实,身势左转,右腿屈膝向上提起。同时,左手随转体由上向左后方划弧下落,掌心朝外,高与肩平;右臂松开,右拳移至腹前,拳心斜向下,右肩与左胯相合。(图151、图152)

图151

图152

【动作3】身势右转,右脚向右斜前方(西偏北)上步,脚跟着地。同时,左手向下、向右划弧下落至左胯侧,掌心朝下,指尖向前;右臂外旋,右拳以肩为轴由腹前经胸前向上、向前沉身撇打,拳高于肩,拳心向内。(图153、图154)

图153

图154

【动作4】右脚落平,身势右转,朝向正西,重心移向右腿成右弓步;左腿松开,左脚以脚跟为轴向内扣转至西南方向。同时,右拳向下、向右弧形收于右腹前,拳心朝上;左手上提经右拳上方向前推出,坐腕成侧立掌。(图155)

图155

【动作5】身势右转,重心微向后移。同时,右拳稍向右后收到右腰侧;左掌侧立在前,腕同胸高。(图156)

图156

【动作6】身势左转,重心微向前移成右弓步。同时,右拳经腰间向前上方打出,与下颌同高,拳心向上;左手顺势收回,掌指轻贴在右前臂上,掌心朝下。(图157)

图157

101

【翻身撇身捶】动作要点

（1）撇身捶翻身转体180°，重在撇身、撇拳。在翻转身势过程中要兼顾左右动态，内含左顾右盼之意。

（2）动作1图150身势右转和左脚内扣的同时，合住腰劲，向右后方把肘顶出，眼神关注肘去的方向。注意重心不要右移过多。

（3）动作2重心左移回身向左打掌时，要关注一下左侧的动静。图152右肩和左胯相合蓄劲。

（4）动作3右脚向西偏北上步时要注意右胯根打开，落脚要保持两脚外侧一肩宽的横向距离。

（5）撇身捶之撇捶要以肩为轴将右拳撇出，重心保持在左腿。

（6）动作4向右转身推出左掌时，弓步的前腿要留有余地。动作5右转腰蓄劲，动作6出右拳收左掌时再向前弓步到位。右拳向前打出要沉身，坐在实腿上，注意松开肩背。

（7）撇身捶是太极拳五捶之一。用法上"右拳由上圆转撇去，交敌之手由右胁侧间用沉劲叠住，同时左手由左侧，急向敌人面部击去"。

（8）崔毅士先生在做完撇捶和击面掌后，又再次将右拳从腰间击出，这也是崔毅士先生特有的动作之一，曾经得到杨澄甫先师的认可。

第30式　进步搬拦捶

【进步搬拦捶】可大体分为6个动作，详述如下。

【动作1】重心微向后移，身势微向左转。同时，右臂内旋，拳心翻转朝下，高与肩平；左臂渐渐外旋，掌心翻转朝上，置于右肘内侧下方，两手相距一前臂长。（图158）

【动作2】身势继续左转，重心全部移到左腿坐实，右膝向上提起，小腿自然下垂。同时，左手引带右拳向左后收回至左腹前，掌心斜朝上；右拳收至体前，拳心斜朝内，两手相距一前臂长。（图159）

图158　　　　　　　　　　图159

动作3至动作6与第14式进步搬拦捶动作3至动作6的动作完全相同，朝向正西方向。

第三段

第31式　上步揽雀尾

【上步揽雀尾】可大体分为10个动作，详述如下。

【动作1】掤式。身势左转,左脚外摆至西南方向落平,膝向前弓,右脚跟向上提起。同时右手内旋向右划弧,与肩同高,拳心朝下;左手外旋向下、向左划弧至左腹前,掌心朝内。(图160)

【动作2】身势继续左转,重心完全移到左腿;右脚经左脚内侧提起,向前方(西)上步,脚跟着地。同时,左手向左、向上划弧,随即臂内旋,屈肘带动左手移到左胸前,掌心朝下;右臂外旋,右拳渐渐松开,向右、向下划弧抄抱于左前臂下方,掌心朝内。眼随视右手方向。(图161、图162)

动作3至动作10与第3式揽雀尾动作6至动作13动作相同。

图160

图161 　　　　　　　　　图162

第32式 单鞭

与第4式单鞭动作完全相同。（图163）

图163

第33式 云手（一）

【云手（一）】可大体分为3个动作，详述如下。

【动作1】重心右移，身势右转，左脚掌内扣至正南方向落平。同时，右勾手松腕屈臂，手心朝下；左手立掌向右抹转，随即，渐渐松腕旋臂转掌心斜朝内，高与胸平，指尖向右。（图164、图165）

图164 　　　　图165

【动作2】重心左移,身势左转,右脚跟向上提起。同时,左前臂由胸前向上掤起,掌心朝内;右手松勾展指向下划弧抄抱,掌心斜朝内,与胯同高。(图166)

图166

【动作3】身势继续左转,重心完全移到左腿,右脚提起收至左脚内侧,脚掌着地,脚跟轻提,两脚外侧与肩同宽。同时,左臂内旋向左划弧至身体左侧,翻转掌心朝外,坐腕立掌,腕高与肩平;右臂外旋,右手经腹前向左弧形抄抱至左肘里侧下方,掌心斜朝上。(图167)

图167

第34式 云手（二）

【云手（二）】可大体分为6个动作，详述如下。

【动作1】右脚落平。同时，右手自身体左侧向上掤起，掌心朝内，同肩高；左手松腕下落，掌心向下，同胸高。（图168）

图168

图169

【动作2】重心右移，身势右转，左脚跟向上提起。同时，右手掤到面前，掌心朝内，指尖向左；左臂外旋，左手向下、向右抄抱至左腹前，掌心朝内，指尖斜向下。（图169、图170）

图170

【动作3】身势继续右转，重心全部移到右腿，左脚向左横跨一步，脚掌着地。同时，右臂内旋向右划弧至身体右侧，翻转掌心朝外，坐腕立掌，腕高与肩平；左臂外旋，左手向右、向上弧形抄抱至右肘里侧下方，掌心斜朝上。（图171）

图171

【动作4】左脚落平。同时，左手自身体右侧向上掤起，掌心朝内，同肩高；右手松腕下落，掌心向下，同胸高。（图172）

图172

【动作5】身势左转，重心左移，右脚跟向上提起。同时，左手掤到面前，掌心朝内，指尖向右；右臂外旋，右手向下、向左抄抱至右腹前，掌心朝内，指尖斜向下。（图173、图174）

图173

图174

【动作6】重心完全移到左腿，身势左转，右脚提起收至左脚内侧，脚掌着地，脚跟轻提，两脚外侧与肩同宽。同时，左臂内旋向左划弧至身体左侧，翻转掌心朝外，坐腕立掌，腕高与肩平；右臂外旋，右手经腹前向左弧形抄抱至左肘里侧下方，掌心斜朝上。（图175）

图175

第35式　云手（三）

云手（三）与第34式云手（二）动作相同。

【云手】动作要点

（1）云手式是由单鞭衔接过来的。注意云手（一）动作1中当重心右移，左手向右抹过来时，内劲从右肩向右勾手方向伸展出去，这时左手渐渐松开并外旋掌心翻转向内成掤手，一切准备好了，重心左移时左手掤手为主，右手松勾右臂向下，开始做抄抱动作。右手松腕松勾的动作要随着重心的移动渐渐完成，不可突然变化。

（2）三个云手连续向左侧平行移动，重心移动要平稳，速度要均匀。迈出的脚落地时要先以大脚趾着地，随即其余四趾顺序着地，落平脚掌、脚跟，全脚要平贴地面。两脚平行，脚尖向前。一脚向下落平，另一脚向上提起，脚跟先离地，随即前脚掌逐渐离地，大脚趾最后离开地面。两脚如同踩跷跷板一样，一落一起，起落相互关联，不可妄动。抬脚和落脚要松柔缓慢，不要突然加速。

（3）云手是以两手的运行如同云在空中回旋盘绕而得名。杨班侯在《全体大用诀》中有一句"云手三进臂上攻"，由此可见，云手不在手，不是用手去云，而是两臂弧形旋绕，护住身前，既防又攻。

（4）云转要圆活自然，两手有实有虚协调配合。向上掤手为虚，另一侧向下旋臂弧形抄抱为实。不可两手同时用力。云手的尺度要求上手高不过眉，下手低不过裆。

（5）云手（二）动作4迈出的脚向下落脚跟的同时，右手松腕下落，另一手向上掤起。此时不要马上转腰，迈出腿的胯根要松长，以保持重心平稳。如果向上运行的手还没有掤起就转腰，必然会出现夹腋和靠身现象。

（6）云手（二）动作5移动重心，向上掤手，腰身微转，待实腿坐实了再继续转腰旋臂捯出，此时要有底盘的支撑，用脚下的稳实，腰胯的转动，节节向上贯穿到臂上。还要注意抄抱手的肩要与支撑腿的胯相合。

（7）无论出脚或收脚瞬间，异侧的手掌同时要坐腕，掌根向下松沉，此处含有採意，但不可用劲。

（8）云手不是在面前一个平面上云转，是在一个立体的球面上云，掤手要掤圆，不要瘪，向下运行抄抱的手臂注意肘部张开，不要挺直。向外旋臂捯出时，肩要逐渐打开。腰腿和背脊都要参与云手动作，还要注意掤手时肘尖不可上翘。

（9）眼神要通过上手向远处望出去，没有焦点。不可直盯着手看，如果一边转腰一边盯着手看，远处背景相对移动的速度快，会造成眩晕。

（10）杨澄甫先生指出"此式之妙用，全在转腰胯，然后可以牵动敌之根力，应手翻出。学者其细悟之"。

第36式　单鞭

【单鞭】可大体分为2个动作，详述如下。

【动作1】重心右移到右腿坐实，身势右转，左腿屈膝上提。随即开胯向左前方（东）上步，脚跟着地。同时，右手向上、向右划弧，横于胸前，掌心朝内，屈腕五指松垂收拢；左手松腕垂指向下、向右划弧，经腹前置于右手下方，与右手相抱，掌心朝内，指尖向右。（图176、图177）

图176

图177

【动作2】与第4式单鞭动作4完全相同。（图178）

图178

第37式　高探马

【高探马】可大体分为4个动作，详述如下。

【动作1】重心前移，右脚向前跟进半步，脚掌着地。同时，左掌继续前推，右勾手提住。（图179）

【动作2】右脚落平，重心后移，身势右转，左脚尖上扬。同时，右勾手和左手腕松开，臂外旋，两臂松展，掌心相对，拇指向上。眼神关注后手。（图180）

图179

图180

图181

图182

【动作3】重心完全移到右腿，左腿虚虚提起。随即身势左转，左脚向前（东）落步，脚掌着地成左虚步。同时，左臂内旋，翻转掌心斜朝下，与胸同高；右掌屈收至耳侧，掌心朝前，指尖向上。（图181、图182）

【动作4】身势继续左转，随左转提顶立腰，缓缓向上成高虚步。同时，左手外旋向内採回至腹前，掌心斜朝上，掌与腹相距约一拳距离；右手由耳侧经左手上方向前弧形探出，腕微扣，掌心斜朝前下方，指尖斜向左前方，高与肩齐。（图183）

图183

【高探马】动作要点

（1）动作1当重心向前移动跟步时，左手向前引进，劲力不断。

（2）动作4完成高虚步时，要由脚下顺势拔背而起，腿劲支撑，顶劲上领，腰不要断开。

（3）动作4左手採回与右手向前探掌，由含胸而拔背，运腰脊之力，由收左手採回的劲力传导到向前探出的右掌上，即先收左手，由左肩背至右肩背，通达于右探掌上，左右贯通一气，相互协调。

（4）杨澄甫先师云："左手腕略松劲，手心朝上，将敌腕叠住，往怀内採回，左脚同时提回，脚尖著地，松腰含胸，右膝稍屈坐实，同时急将右手由后而上圆转向前，往敌人面部，用掌採去。"

（5）注意在动作完成时，高探马与右倒撵猴的不同之处。高探马是拗步，动作完成后，肩要平正，左手的位置是在腹前，右手是俯掌扣腕（在传统杨式太极拳里，右手俯掌扣腕的掌型亦称之为手刀）；右倒撵猴是顺步，动作完成后，上身略有侧身，左手在腹侧，右手是侧立掌。

第38式　右分脚

【右分脚】可大体分为6个动作，详述如下。

【动作1】身势微右转，右腿渐渐向下屈蹲，重心全部移向右腿，左脚向上抬起。同时，右手向右、向下弧形抹转，掌心朝下，高与腰平；左手向左前上方（东北）划弧，掌心斜朝右，与腰同高。（图184、图185）

图184

图185

图186

图187

【动作2】身势微左转，左脚向左前（东北）迈出一步，脚跟先着地，随即落平，重心前移，屈膝前弓。同时，左手由左前方向右划弧，置于体前（东），高与肩平，掌心斜朝上，右手由右经胸前向左弧形平抹至左前臂上方，掌心朝下。（图186、图187）

图188

【动作3】身体右转，重心前移成左弓步。同时，右手从左前臂上方穿出，向前、向右划平圆抹转至身体右前方（东南），掌心朝下，指尖向前，腕高于肩；左手向右经右前臂下向里抹回至右肘内侧下方，掌心斜朝内，指尖向右。（图188）

【动作4】身势左转，重心在左腿，右脚跟向上提起。同时，左手领带右手，随身势向左捋带，左手在左腹前，掌心斜朝上，指尖向右；右手与左手相距一小臂长，掌心斜朝左前下方，指尖向右前方。（图189）

图189附图

图189

【动作5】左腿渐渐独立站稳，膝微屈；右腿提膝，脚自然下垂。同时，左手向上划弧掤于胸前，右手向左、向上划弧，臂外旋，与左手在胸前交叉合抱，左手在内，右手在外，两手腕部交叉，掌心朝内。（图190）

图190

【动作6】左腿独立支撑，右腿继续敛臀屈膝上提，脚面展平，以脚尖为力点，小腿向右前上方（东偏南）踢起，脚尖同腰高。同时，两臂内旋，两掌经面前弧形向左右分展，坐腕，掌心朝外，指尖向上。目光随右手展开转向分脚方向。（图191、图192）

图191

图192

【右分脚】动作要点

（1）动作2和动作3两掌划弧平抹时，要手领腰催，身随腰转，动作舒展柔和，不可耸肩扬肘。

（2）动作4是转腰捋的动作，同时暗含採劲。支撑腿要稳定住，肩胯要合住，身势不要散乱，为独立起腿分脚做好准备。

（3）动作5两掌交叉合抱时，肩要松沉，两臂掤圆，腕部不可凸出。一般情况下两掌交叉合抱，右分脚时右手在外，左手在内；左分脚时，左手在外，右手在内。后面的蹬脚同理。

（4）俗话说，"起腿半边空"。注意动作6图191的动作，在脚分出去之前，两手已经分开到肩前，意在以右手採住对方袭来的手臂后再将右脚分踢出去。

（5）分脚的力起于支撑腿，换句话说是用支撑腿打人。分脚是用小腿带脚尖上踢，胯根要收住，不可将胯根展开、松懈。脚分出后要坐在支撑腿上，反回的力要垂直落回到支撑腿的重心上，才能稳定有力。

（6）分脚时宜分虚实，不要手脚同时用力动作，要以分脚为实为主，两手展开为虚为辅。分踢出去的脚，起于腿、发于腰脊、达于脚背脚尖；膝关节不可绷直。

（7）杨澄甫先师云："用右手腕压住敌之左肘，垂肘沉肩，即将敌左臂向左侧捋回，同时左手粘住敌人左腕，手心向下暗施採劲，左脚同时向前左侧迈去半步，坐实，腰向左斜倚，随将右脚提起，脚尖与脚背，平直向敌人左胁踢去，同时而手掌侧立，向左右平肩分开。"用法上，两手捋带住对方的左臂，採住即起脚分踢。

第39式　左分脚

【左分脚】可大体分为6个动作，详述如下。

【动作1】右腿屈膝提住，小腿自然下垂；两臂依然舒展，掌心朝外，指尖向上。（图193）

图193

【动作2】左腿屈膝下蹲，右脚向右前方（东南）迈出一步，脚跟先着地，随即落平，重心前移，屈膝前弓。同时，右臂外旋，右手由右前方向左划弧，置于体前（东），高与肩平，掌心斜朝上；左手由左经胸前向右弧形平抹至右前臂上方，掌心朝下。（图194、图195）

动作3至动作6与第38式右分脚动作3至动作6动作相同，左右相反。（图196）

图194　　　　　　　　图195

图196

第40式　转身左蹬脚

【转身左蹬脚】可大体分为4个动作,详述如下。

119

【动作1】左腿屈膝提住，小腿自然下垂。随即向支撑腿的后方右侧（西偏南）落下，脚掌着地。同时，松开两手腕部，向下划弧至身体两侧，高与胯平，掌心朝下。（图197、图198）

【动作2】左脚跟内收，重心左移，身势左转。随即右脚掌内扣至西北方向，重心移回右腿，左脚跟向上提起。同时，双手经腹前向上抄抱至胸前，两手腕部交叉，掌心朝内，右手在里，左手在外。（图199、图200）

图197 　　　　　　　　图198

图199 　　　　　　　　图200

【动作3】右腿支撑,敛臀坐胯,左膝向上提起,脚尖微向上翘。同时两手内旋经面前向两侧分开至肩前,掌心朝前。(图201)

【动作4】右脚踩地,右腿渐渐伸直,膝微屈;左膝继续上提,脚尖回勾,随右脚踩地以左脚跟为力点慢慢向前(西)蹬出,脚尖朝上,脚跟高度及腰。同时,两臂继续内旋,双手向左右分展,坐腕立掌,掌心朝外,指尖斜向上。(图202)

图201

图202 　　　　　　　　图202附图

【转身左蹬脚】动作要点

（1）转身左蹬脚向左转体180°。左蹬脚即蹬左脚，蹬脚之前脚尖要回勾，做好蹬脚的准备，蹬脚时要以脚跟为力点向外蹬出。

（2）转体前，左脚下落点地，重心在左腿时扣转右脚，对膝关节起保护作用。注意左脚的落地点不可太近，也不可太远，太近了妨碍右脚的向内扣转，太远了身势散乱，转身不灵活，应以扣转后两脚外侧相距一肩宽为好。

（3）另一种练法是过去的传统练法，转体时周身要合住劲，不散乱，膝要向上提住，顶劲向上虚领，右脚跟实，脚掌虚，以脚跟为轴，连带腰胯一起迅速左转。

（4）俗话说，"起腿半边空"，传统拳蹬脚的练法，要求蹬出的腿不可太直，脚跟高度及腰即可，膝要微向上提，支撑腿坐住。蹬脚时两肩臂要完全放松。

（5）蹬脚和分脚劲力运行的道理相同，不是用蹬出的脚蹬，而是用支撑腿蹬。力起于支撑腿，反回的力要垂直落回到支撑腿的重心上，才能稳定有力。

（6）杨澄甫先师云："右脚立定时，左脚即向敌腹部用脚跟蹬去，脚趾朝上。"平日练习时，蹬脚脚跟的高度要高过腰部。

第41式　左搂膝拗步

【左搂膝拗步】可大体分为3个动作，详述如下。

【动作1】右腿屈膝下蹲，身势右转；左腿屈膝提住，小腿自然下垂。同时，右臂外旋向右斜上方（北偏东）伸展，腕低于肩，掌心朝前，大拇指向上；左手向右划弧经面前至胸前，掌心朝下，指尖向右。（图203）

动作2、动作3与第7式左搂膝拗步动作3、动作4动作相同,方向朝向正西。

图203　　　　　　　　　　图203附图

第42式　右搂膝拗步

与第10式右搂膝拗步动作相同,方向朝向正西。(图204)

图204

第43式　搂膝栽捶

【**搂膝栽捶**】可大体分为2个动作，详述如下。

【**动作1**】身势右转，右脚掌外摆至西北方向，重心前移至右腿，左脚向前提起。同时，左手松腕，随转体自前向右划弧至胸前，掌心斜朝下；右臂外旋，渐渐握拳，屈臂收提至右腹侧，拳心向上。（图205、图206）

图205

图206

【**动作2**】左脚向前（西）上步落平，身势左转，重心前移成左弓步。同时，左手向前下方绕膝搂至左膝外侧，掌心朝下，指尖向前；右臂内旋，右拳由右腹侧向前下方打出，高度低于膝，拳面斜朝前下方。眼神关注右拳打出的方向。（图207、图208）

第一章　传统杨式太极拳108式

图207　　　　　　　　　　　图207附图

图208

【搂膝栽捶】动作要点

（1）注意上步要保持稳定，拳收到右腹侧，肘不要向背后凸出太多。
（2）太极即阴阳、开合、蓄发……注意动作2图207，当左脚上步落地

125

时，劲已蓄收在右侧。左开右合，外开内合。练拳也是这样，不能只有打拳，一定还要有蓄劲，在外是腰、胯、脊，在内是丹田，意念驱动下的丹田运转。

（3）转腰搂膝，弓步打拳；向前弓步要坐实在左腿，拔左胯，上身随着腰胯的松沉，松肩将右拳向下打出，出拳劲力要松沉。

（4）拳往前下方打出时，要往裆前正中打，不要往前探身，守住中土。颈椎到腰椎须保持成一条直线。

（5）"搂膝栽捶"是太极五捶之一，拳打下路，由上向下击，如栽植之状。

（6）杨澄甫先师云："将左足同时向前一步追去，屈膝坐实，右手随握拳，向敌腰间或脚胫捶去皆可，是为栽捶，其时右腿伸直，腰胯沉下成平曲形式，胸含，眼前看，尤须守我中土为要。"

第44式　翻身撇身捶

【翻身撇身捶】可大体分为6个动作，详述如下。

【动作1】重心微向右移，身势微向右转。同时右手握拳屈臂收回，置于腹前，拳心向下；左手顺势向上、向右摆动，置于左额头上方，掌心朝外，指尖斜向上。（图209）

图209　　　　　　图209附图

随即，身势继续右转，带动左脚掌内扣，右肘尖向右后方（东偏南）顶出。眼神关注肘尖方向。（图210）

动作2至动作6与第29式翻身撇身捶动作2至动作6动作相同，方向朝向正东。

图210　　　　　　　　图210附图

第45式　进步搬拦捶

与第30式进步搬拦捶动作相同，朝向正东方向。（图211）

图211

第46式 右蹬脚

【**右蹬脚**】可大体分为4个动作，详述如下。

【**动作1**】身势左转，左脚掌外摆至东北方向，重心前移，右脚跟向上提起。同时，左臂边外旋边向下、向左划弧至左胯外侧，掌心朝右；右臂内旋松展，拳心朝下，与肩同高。（图212）

【**动作2**】重心全部移到左腿成左独立步，左腿微屈；右腿屈膝向上提起，膝高与腰平，小腿自然下垂。同时，左手向上向右、右拳渐渐松开向下向左上划弧，两手掤合在胸前，腕部交叉，掌心朝内，左手在里，右手在外。（图213）

图212

图213

第一章　传统杨式太极拳108式

【动作3】左腿支撑，敛臀坐胯，右膝向上提起；同时两手内旋经面前向两侧分开至肩前，掌心朝前。（图214）

【动作4】左脚踩地，左腿渐渐伸直，膝微屈；右膝继续上提，脚尖回勾，随左脚踩地以右脚跟为力点慢慢向前（东）蹬出，脚尖朝上，脚跟及腰高。同时，两臂继续内旋，双手向左右分展，坐腕立掌，掌心朝外，指尖向上。（图215）

图214

图215 　　　　　　　图215附图

129

第47式　左打虎式

【左打虎式】可大体分为4个动作，详述如下。

【动作1】右腿屈膝收回，右脚落至左脚内侧，脚掌着地，脚跟外展，脚尖朝向北。随即右腿微屈，重心全部移到右腿，左腿屈膝向上提起。同时，右臂自然伸展，腕高于肩，掌心斜朝外；左臂渐外旋，左手自左经面前向右下划弧至右胸前，掌心朝内。（图216、图217）

图216

图217

【动作2】右腿屈蹲，左脚提起向西北方向上步，脚跟先着地，随即落平脚掌，身势左转。同时，左臂外旋，左手向下、向前绕左膝划弧至身体左侧，高及腰部，掌心朝内；右手微向下移，掌心朝下。（图218、图219）

第一章　传统杨式太极拳108式

图218

图218附图

图219

图219附图

【动作3】身势继续左转,重心微向前移。同时,双手渐渐屈指握拳,右臂外旋屈肘,自右向前、向上划弧至面前,拳眼朝上;左臂内旋,继续向左、向上划弧,拳心朝下,高与胸平。(图220)

【动作4】身势右转,重心前移成左弓步。同时,右臂内旋向下沉落,拳心朝下,与腰同高;左拳顺势向上划弧贯打于左额前上方,拳心朝外。(图221)

图220

图220附图

图221

图221附图

【左打虎式】动作要点

（1）左打虎式面朝西北方向。动作1落右脚掌时，两肩两腕松开；要等右脚跟向下落平、重心向右移动时，左手顺势向右划弧到右肩前；沉身敛臀坐在右腿上时，左腿提膝，左手顺沉势下落到胸前。

（2）动作2右腿屈膝，垂直降低高度，重心坐实在右腿。左脚上步时，左胯根要打开，要保证落步时两脚之间的横向距离。当左手经过膝前时，掌心斜朝上有搂膝之意；注意保持重心在后腿，动作完成时左脚掌要落平。

（3）动作3腰继续向左转，右拳先动，从上向下到胸前为防，动作4腰向右转时，右拳继续旋臂下沉，左拳向前上方贯出为打，一防一打为打虎式用法。

（4）动作4右拳旋臂下沉，拳心向下，周身合住劲。这是杨家拳的早期练法，崔毅士先生一直保持着这种练法。注意动作完成时要松开肩背，敛臀坐实在前腿。

（5）打虎式体用凶猛，要打哪看哪，眼神先关注左掌向左搂膝拉开，随即关注右拳旋臂向下松沉，当左拳向前上方贯打时，要向左拳打去的方向看过去，视线略向上扬，领起精神。

（6）杨澄甫先师云："用右拳将敌左腕扼住，往左侧下采，至与心部相对，左拳由左外翻上，转至左额角旁，手心向外，急向敌人头部或背部打去，此式以退为进，忽开忽合，意含凶猛，故谓打虎式也。"

第48式　右打虎式

【右打虎式】可大体分为5个动作，详述如下。

【动作1】重心微向右移，身势右转，左脚掌内扣落平。同时，两拳收回到胸前，左拳高于右拳，两拳心向下。（图222）

【动作2】重心完全移到左腿，身势微向上领，右腿屈膝向上提起。同时，两拳松开变掌，向左送出，左掌与肩同高；右掌在腹前，两手掌心朝下。（图223）

图222

图222附图

图223

图223附图

第一章　传统杨式太极拳108式

【动作3】左腿屈蹲，右脚向东南方向上步，脚跟先着地，随即落平脚掌，身势微向右转。同时，右臂外旋，右手向下、向前绕右膝划弧至身体右侧，高及腰部，掌心朝内；左手微向下移，掌心朝下。（图224、图225）

图224

图225

【动作4】身势继续右转，重心微向前移。同时，双手渐渐屈指握拳，左臂外旋屈肘，自左向前、向上划弧至面前，拳眼朝上；右臂内旋，继续向右、向上划弧，拳心斜朝下，高与胸平。（图226）

图226

【动作5】身势左转，重心前移成右弓步。同时，左臂内旋向下沉落，拳心朝下，与腰同高；右拳顺势向上划弧贯打于右额前上方，拳心朝外。（图227）

【右打虎式】动作要点

（1）右打虎式面朝东南方向。
（2）请参考第47式左打虎式动作要点。

图227

第49式　回身右蹬脚

【回身右蹬脚】可大体分为4个动作，详述如下。

【动作1】重心后移，身势左转，右脚掌向上抬起。同时，两手握拳，右手向右向下、左手向左向上分别向左右两侧划弧展开，两拳心向下。（图228）

图228

【动作2】重心全部移到左腿成左独立步，左腿微屈；右腿屈膝向上提起，膝高与腰平，小腿自然下垂。同时，两拳渐渐松开，左手向上向右划弧、右手向下向左上划弧，两手掤合在胸前，腕部交叉，掌心朝内，左手在里，右手在外。（图229）

图229

动作3、动作4与第46式动作3、动作4动作相同，蹬脚方向朝向东南。

【回身右蹬脚】动作要点

（1）"远拳、近肘、贴身靠。"打拳一般距离对手在一尺半以内；用肘在半尺以内；肩、臂、胯、臀、背、胸等部位都必须贴近对方身体使用靠劲；在贴近对手无法施展腿的应用时，用回身身法拉开与对手的距离，以便更好地发挥腿脚的作用。

（2）请参考第46式右蹬脚动作要领。

第50式 双风贯耳

【双风贯耳】可大体分为5个动作,详述如下。

【动作1】身势微向右转,右腿屈膝提住,小腿自然下垂。同时,双手划外弧向下落于体侧,与腰同高,掌心斜朝下,指尖向前。(图230)

图230

图231

【动作2】左腿屈膝下蹲,右脚向前(东南)上步,脚跟先着地,随即脚掌落平。同时两手继续下落至两胯侧,两臂外旋,翻转掌心向上,收于腰侧,指尖朝前。(图231、图232)

图232

【动作3】重心前移成右弓步。同时,双掌经胸前向前探出,掌心向上,指尖朝前,高于肩。(图233、图234)

图233

图234

【动作4】重心后移坐实在左腿,身势微向左转。同时,两掌自前而下向身体两侧弧形下落至胯旁,掌指渐渐松开微屈,掌心斜朝上。(图235)

图235

【**动作5**】重心前移成右弓步。同时，两手渐渐握拳，向左右拉开，随即两臂内旋，以肩为轴，两拳向前上方弧形贯打，拳与头同高，虎口相对，两拳内侧相距与脸同宽。朝向东南方向。（图236、图237）

图236

图237 　　　　　　　　　图237附图

【双风贯耳】动作要点

（1）动作1右脚上步前，左腿屈膝下蹲，膝盖对正脚尖方向，身体垂直向下降低高度；右脚上步时，身体重心不可随之前移。

（2）动作4两掌向下落至胯旁时，要沉肩垂肘。

（3）动作5边握拳边向两侧拉开，然后边旋臂边向前上方贯打。不要旋腕。

（4）两拳向前上方贯打要与右弓步协调一致。坐实在前腿、敛臀、松肩。

（5）双风贯耳，击耳或击太阳穴，喻两拳劲足势猛，如疾风贯通双耳。崔毅士先生一直按杨家早期练法，双风贯耳式动作之初，有一个双探掌的动作，称之为双风贯耳预备势，意在穿插对手的眼、喉，探出的双掌指根处要绷平。

（6）杨澄甫先师云："将两手背由上往下，将敌人两腕往左右分开叠住，随将两手握拳由下往上，向敌人双耳用虎口相对贯去，右脚同时向前落下变实，身亦略有进攻之意方可。"

第51式　左蹬脚

【左蹬脚】可大体分为4个动作，详述如下。

【动作1】身势右转，右脚外摆至正南，重心前移，左脚跟向上提起。同时两拳渐渐松开，两手分别向两外侧划弧，掌心朝下，与胸同高。（图238）

图238

【动作2】重心全部移到右腿成右独立步,右腿微屈,左腿屈膝向上提起,小腿自然下垂。同时,双手向下、向里划弧,经腹前向上抄抱至胸前,两手腕部交叉,掌心朝内,右手在里,左手在外。(图239)

图239

【动作3】右腿支撑,敛臀坐胯,左膝微向上提起。同时两手内旋经面前向两侧分开至肩前,掌心朝前。(图240)

动作4与第40式转身左蹬脚动作4动作相同,蹬脚方向朝东。(图241)

图240

图241

第52式 转身右蹬脚

【**转身右蹬脚**】可大体分为4个动作,详述如下。

【**动作1**】右腿支撑,左腿屈膝上提,小腿自然下垂。(图242)

图242

【**动作2**】身势右转,右腿屈膝,右脚跟虚起,左脚向右后方(西偏北)扣脚落地,脚跟着地。随即,左脚以脚跟为轴,继续扣转至脚尖朝向东北方,右脚以脚掌为轴边转边收脚跟至脚尖朝向正东,重心渐渐移向左腿成右虚步步型。同时,双手从体侧向下经腹前向上抄抱至胸前,两手腕部交叉,掌心朝内,左手在里,右手在外。(图243~图245)

图243

图244　　　　　　　　　　　图245

动作3、动作4与转身左蹬脚动作3、动作4动作相同，蹬脚方向朝向正东。

【转身右蹬脚】动作要点

（1）转身右蹬脚动作，重点在转身，转身大约270°。动作2左右脚碾转时，移动重心要平稳，转体时两手掤合不要散乱。

（2）杨澄甫先师云："将身往右后正面旋转，左脚同时随身转时收回往右悬转，落下坐实，脚尖向前，此时右脚尖为一身旋转之枢机，两手合收随身至正面时，急用右手腕，将敌肘腕粘住，自上而下，向右捌出，右脚同时提起，向敌胁腹部蹬去，左右手随往前后分开。"

（3）其余要点请参考第46式右蹬脚动作要点。

第53式　进步搬拦捶

【**进步搬拦捶**】可大体分为5个动作，详述如下。

【**动作1**】左腿支撑，右腿屈膝，小腿自然下垂，随即，左腿屈蹲，身势左转，右脚向前（正东）上步，脚跟着地。同时，两腕松开，左手向右、向下划弧，掌心朝内，与腹同高；右手渐渐握拳，向下、向左划弧至左胸前，拳心向下，两手相距一前臂长。（图246、图247）

图246

图246附图

图247

图247附图

图248

【动作2】右脚落平，身势右转，重心前移到右腿成右弓步。同时，右臂外旋，右拳向左、向上经左肩前向前搬出，与胸同高，拳心斜朝上；左手向上划弧，经耳侧随右拳向前按掌，掌根在右拳左斜前上方，相距约一拳的距离，掌心斜朝前，指尖斜向上，成侧立掌，高与胸平。（图248、图249）

动作3至动作5与第14式进步搬拦捶动作4至动作6动作完全相同。

图249

第54式　如封似闭

与第15式如封似闭动作完全相同。

第55式　十字手

与第16式十字手动作完全相同。

第四段

第56式 抱虎归山

与第17式抱虎归山动作完全相同。

第57式 斜揽雀尾

与第18式斜揽雀尾动作完全相同。

第58式 斜单鞭

与第4式单鞭动作完全相同,只因斜揽雀尾结束动作是面向西北,所以斜单鞭动作结束时左脚尖朝向东南方向。(图250)

【斜单鞭】动作要点

(1)太极拳的原则是不偏不倚、中正安舒。斜,这里指方位而言,斜单鞭左脚尖朝东南方向,而不是身势倾斜。

(2)动作要点请参看第4式单鞭动作要点。

图250

第59式　右野马分鬃

【右野马分鬃】可大体分为3个动作，详述如下。

【动作1】重心微向右移，身势右转，左脚掌内扣至西南落平。同时，右勾手松腕屈臂，手心朝下；左手立掌向右抹转，随即，渐渐松腕旋臂转掌心斜朝内，高与胸平，指尖向右。（图251、图252）

图251

图252

【动作2】重心左移至左腿坐实，身势左转，右脚提起收回到左腿内侧，随即向右前方（西偏北）上步，脚跟着地。同时，左臂内旋移至胸前，掌心朝下；右手松勾展指，右臂外旋，右手向下、向左划弧抄抱至腹前，掌心翻转朝内，两手呈合抱状，两手腕部上下呼应。（图253、图254）

图253

图254

图255

【动作3】右脚掌微外摆落平,脚尖朝向西偏北,重心渐渐前移,身势右转,坐实右腿成右弓步。同时,右手随转体向右前上方弧形捌出,掌心斜朝上,高与肩齐;左手向下採于身体左侧,掌心朝下,虎口朝前,与胯同高。(图255)

【右野马分鬃】动作要点

（1）动作2右脚上步，脚跟着地时注意左膝要外开，对正脚尖方向，不要内扣。

（2）动作2注意两臂上下交叉合抱的位置，两手腕上下相对，不要交叉过多。

（3）动作3左脚踩地先将重心向前催动起来，再边转体边移动重心，同时拧身做向前挒掌和向下採掌的动作，由脚而腿而腰，从脊背通达两臂，伸展出去。注意松肩垂肘，保持重心的稳定。眼神要随着右掌前挒随视过去。

（4）注意弓步到位时要坐实在前腿，落胯沉身，松肩，前肘向内掩合。身势一沉，似停非停即调整腰胯，转腰摆脚，连接下一个野马分鬃式。

（5）做"野马分鬃"动作时两臂分展，意喻野马在奔驰中，马脊背上的鬃毛左右分披。俗话说，"拔长容易，拔开难"。关键在开合劲上，上步出脚时上身合劲蓄住，脚落平进身时，腰脊为主宰，胯将下肢劲力贯通到上肢，肩胯相合，尤要注意按掌。

（6）杨澄甫先师云："用左手挒其右手腕，同时急上右足，屈膝坐实，左足伸直，随用右小臂向敌腋下分去，则其根力为我拔起，身即向后倾仰矣，此时左手亦须稍从后分开，用沉劲以称右手之势。"

（7）"野马分鬃"与"斜飞势"在外形上的不同之处，野马分鬃的用法，前手在对方腋下，拳式中前手的高度在肩，后手下採位置在胯前，虎口朝前；斜飞势的用法，转腰拧身，由靠而挒，挒时前手挒在颈部或击在耳部，拳式中前手高度要高于肩，后手下採在胯侧，虎口朝前。野马分鬃重在运用肩臂之力通达于腕部。

第60式　左野马分鬃

【左野马分鬃】可大体分为3个动作，详述如下。

【动作1】身势右转，右脚掌外摆至西北方向落平，重心前移，左脚跟向上提起，同时两臂松开。（图256）

图256

图257

【动作2】重心前移至右腿坐实，身势继续右转，左脚提起收回到右腿内侧，随即向左前方（西偏南）上步，脚跟着地。同时，右臂内旋，收至胸前，掌心朝下；左臂外旋，左手向下、向右弧形抄抱至腹前，掌心翻转朝内，两手呈合抱状，两手腕部上下呼应。（图257、图258）

图258

图258附图

【动作3】左脚掌微外摆落平,脚尖朝向西偏南,重心渐渐前移,身势左转,坐实左腿成左弓步。同时,左手随转体向左前上方弧形捯出,掌心斜朝上,高与肩齐;右手向下採于右胯前,掌心朝下,虎口朝前,与胯同高。(图259)

图259

图259附图

第61式　右野马分鬃

与第60式左野马分鬃动作相同，左右相反。（图260）

图260

【野马分鬃】动作要点

（1）三个连续的"野马分鬃"属连续上步的拳势，上步脚掌落平时，脚尖略向外偏出。

（2）"野马分鬃"左右式之间的转换要做到相连不断，似停非停。

第五段

第62式 揽雀尾

【揽雀尾】可大体分为13个动作,详述如下。

【动作1】左掤式重心微左移,身势左转;右脚以脚跟为轴,脚掌内扣至西南方向落平。同时,两臂松开微屈,两掌心方向不变。(图261)

【动作2】身势右转,重心全部移到右腿;左腿屈膝上提,左脚收至右脚内侧。同时,右臂向右掤至胸前,掌心朝左;左臂外旋,弧形抄抱至腹前,掌心朝内。(图262)

动作3至动作13与第3式揽雀尾动作3至动作13动作完全相同。

图261

图262

第63式　单鞭

与第4式单鞭动作完全相同。（图263）

图263

第64式　玉女穿梭（一）

【玉女穿梭（一）】可大体分为6个动作，详述如下。

【动作1】重心右移，身势右转，左脚掌内扣至正南方向落平。同时，右勾手松腕屈臂，手心朝下；左手立掌向右抹转，随即，渐渐松腕掌心向下，高与胸平。（图264、图265）

图264 　　　　　图265

【动作2】重心移至左腿坐实，身势左转，右脚向上提起。同时，左臂内旋，掌心斜朝外，与胸同高；右手松勾展指，右臂外旋，右手展指向左、向前下划弧至右膝外侧，掌心朝左，指尖向前。（图266、图267）

图266　　　　　　　　图267

【动作3】右脚向右前方（西偏南）上步，脚跟着地。同时，右臂继续外旋，右手向前抄起，掌心斜朝上，与胸同高；左手向下落至腰外侧，掌心朝下，指尖向前。（图268）

图268

【动作4】身势右转,右脚掌外摆至正西,重心前移至右腿,左脚跟向上提起。同时,右臂内旋屈臂,右手向右上收至同肩高,掌心朝内,指尖斜向上;左臂外旋,左手向右抄抱至右前臂下方,掌心朝内,指尖斜向下。(图269)

【动作5】重心坐实在右腿,身势继续右转,左脚向前(西南)上步,脚跟着地。同时,左手臂向上掤起,掌心朝内,与胸同高;右手经左手腕上侧向内收至胸前,掌心朝内。(图270)

图269

图270 　　　　　　　　图270附图

【动作6】左脚掌落平，身势左转，重心前移成左弓步。同时，左臂内旋向上举于头前上方，掌心朝外，指尖向右；右臂内旋下沉，掌心转向下，随即，右手坐腕立掌向前推出，高与胸平。（图271）

图271

【玉女穿梭（一）】动作要点

（1）动作3注意右脚上步的方向是西偏南，留出两脚之间的裆距。玉女穿梭打的是四个隅角，动作5落脚方向是西南方，动作6是西南方向上的左弓步。

（2）动作5注意松腰敛臀，右手护住胸前，不要将右手抽撤到身体的右侧方。

（3）动作6在左脚落平以后，两臂分别各自内旋。然后左手上掤翻举，意在小指侧掌根上，右手坐腕前推。左手为防，防在先，右手为打，打在后，两手各走各的，切忌同一方向、同一速度。

（4）杨澄甫先师云："此式左右手相穿，忽隐忽现，捉摸不定，袭乘其虚，故曰玉女穿梭，以喻其势之巧捷也。"此解是以手当梭。

第65式　玉女穿梭（二）

【玉女穿梭（二）】可大体分为5个动作，详述如下。

【动作1】重心微向右移，身势右转，左脚掌内扣落平。同时，两手腕松开，右手内旋，左手向下划弧外旋，右手领带左手屈臂向右横捋至右肩前，两手相距一前臂长，掌心都朝外。（图272）

图272

图272附图

【动作2】重心全部移至左腿,右脚提起撤向东南落步,脚掌着地。同时,左臂屈收外旋,左手向右划弧至左肩前,掌心斜朝上;右臂外旋,右手向下、向左抄抱至腹前,掌心朝内。(图273)

图273

图273附图

【动作3】重心微向右移,以右脚掌支撑,身势右转,左脚掌内扣至东落平,随即重心移回左腿,右脚跟虚提。同时,左手向右划弧至胸前,掌心斜朝内;右臂继续外旋,右手向左、向上划弧,抄抱至左前臂下方,掌心斜朝内。(图274)

图274

【动作4】重心全部移到左腿，右脚提起向前（东南）上步，脚跟着地。同时，右手臂向胸前掤起，掌心朝内，指尖向左；左臂微内旋，左手经右前臂内侧向下收至胸前，掌心朝内。（图275）

图275

【动作5】右脚掌落平，身势右转，重心前移成右弓步。同时，右臂内旋向上举于头前上方，掌心朝外，指尖向左；左臂内旋下沉，掌心转向下，随即，左手坐腕立掌向前推出，高与胸平。（图276）

图276

【玉女穿梭（二）】动作要点

（1）注意动作2是由西南方向转至东南方向（270°），右脚落步的位置不宜太近，离得近了，左脚扣转时两脚磕绊，离得远了，身势散乱。

（2）动作3身势右转时，两臂向内收合，周身不可散乱。动作完成后，两脚外侧距离宜与肩同宽。

（3）动作4上步时，要留住腰，待动作5右脚落平之后再移动重心向右转体。

第66式　玉女穿梭（三）

【玉女穿梭（三）】可大体分为5个动作，详述如下。

【动作1】左脚跟内收，重心完全移到左腿，坐实，身势左转，右腿向上提起。同时，左臂内旋，右臂外旋向下划弧，左手领带右手屈臂向左横捋至左胸前，掌心斜朝外；右手置于右膝外侧，同腰高，掌心斜朝左，指尖向前。（图277、图278）

图277 　　　　　图277附图

图278 　　　　　图278附图

动作2至动作5与第64式玉女穿梭（一）动作3至动作6动作相同，方向朝向东北。

第67式　玉女穿梭（四）

与第65式玉女穿梭（二）动作完全相同，方向朝向西北。（图279）

图279

【玉女穿梭】动作要点

玉女穿梭式共有四个，打的是四个隅角。即从单鞭开始打穿梭，依次为西南、东南、东北、西北，周行四隅，连绕不绝，如织锦穿梭状。宏观四角穿梭亦是以天地为织机，以动态为引线，人便是其中之梭。

第六段

第68式 揽雀尾

【揽雀尾】可大体分为13个动作，详述如下。

【动作1】左掤式。重心微左移，身势左转；右脚以脚跟为轴，脚掌内扣至西南方向落平。同时，左手内旋向左划弧，掌心斜向外，与胸同高；右臂边外旋边向下落，掌心朝左，与肩同高。（图280）

图280

图281

【动作2】身势右转，重心全部移到右腿；左腿屈膝上提，左脚收至右脚内侧。同时，右臂向右掤至胸前，掌心斜朝下；左臂外旋，弧形抄抱至腹前，掌心朝内。（图281）

动作3至动作13与第3式揽雀尾动作3至动作13动作完全相同。

第69式　单鞭

与第4式单鞭动作完全相同。

第70式　云手（一）

与第33式云手（一）动作完全相同。

第71式　云手（二）

与第34式云手（二）动作完全相同。

第72式　云手（三）

与第35式云手（三）动作完全相同。

第73式　单鞭

与第36式单鞭动作完全相同。（图282）

图282

第74式 蛇身下势

【蛇身下势】可大体分为3个动作。

【动作1】重心微向前移，右胯根打开，右脚掌外摆至西偏南落平。同时，左手松腕舒肩展臂，腕与肩同高，拇指向上；右勾手不变。（图283）

图283

【动作2】身势右转，右腿屈膝，重心右移；左脚掌随势微向内扣转至东偏南方向。同时，右勾手向右后方引领；左臂屈收，指尖向上，掌心朝外。（图284）

图284

【动作3】重心继续右移，坐实右腿，左腿伸展，脚尖微内扣。同时，右勾手提住，腕同肩高；左臂松落，左手经左腿内侧向前穿，掌心朝外，指尖向前。（图285）

图285

【蛇身下势】动作要点

（1）动作1在做右脚外摆动作时，重心要保持在左腿。

（2）动作2右勾手向右后方引领时，要松肩松身，同时左肘要松垂。

（3）动作3注意两脚要平贴地面，脚跟不可上提，脚尖不可上翘。两膝须与脚尖方向保持一致；左膝微屈上提，左腿不可用力挺直。上身要直立，不可前倾。左手做穿掌动作时，指尖顺左腿内侧向前引领，不要偏离。

（4）杨澄甫先师云："用左手将敌左腕扼住，往左侧下採，右腿与腰胯同时坐下，以牵彼之力，而蓄我之气。"下势乃身体下降之意。

第75式　右金鸡独立

【右金鸡独立】可大体分为3个动作，详述如下。

【动作1】左脚外摆，脚尖朝向正东，左腿屈膝前弓，重心前移，右脚掌内扣至东南方向，成左弓步。同时，左手向上挑起成侧立掌，腕与胸同高；右臂内旋，右手松勾下垂至右胯侧后方，掌心朝后。（图286、图287）

图286

图287

【动作2】身势左转，左脚掌外摆至东北方向，重心向前移至左腿，右脚跟向上提起。同时，左臂内旋，左手掌心转向下，高与胸齐；右臂向前移至身体右侧，掌心朝后，指尖向下。（图288）

图288

【动作3】重心全部移至左腿，渐渐独立站稳，膝微屈；右腿屈膝向上提起，膝高及腰，小腿自然下垂成独立式。同时，左手下按于左胯旁，掌心朝下，指尖向前；右手屈臂坐腕向前上方弧形托起成侧立掌，指尖高与眼齐。（图289）

图289　　　　　　　　图289附图

第76式　左金鸡独立

【左金鸡独立】可大体分为2个动作，详述如下。

【动作1】左腿屈膝下蹲，右脚向右后方（西南）落步，脚掌先着地。同时，右手松腕，右臂内旋，右手下落，与肩同高，掌心斜朝下；左臂松落在体侧，掌心向后。（图290）

图290 　　　　　　　　　　图290附图

【动作2】右脚跟内收落平，脚尖朝向东南方向，重心后移至右腿；身势右转，右腿独立站稳，膝微屈；左腿屈膝向上提起，膝高及腰，小腿自然下垂成独立式。同时，右手下按于右胯旁，掌心朝下，指尖向前；左手屈臂坐腕向前上方弧形托起成侧立掌，指尖高与眼齐。（图291、图292）

图291 　　　　　　　　　　图292

【金鸡独立】动作要点

（1）"左金鸡独立"动作1右脚落于左脚的西南方向上，步可大可小。

（2）独立腿踩地直起时，膝要微屈，屈中求直。

（3）向下按掌和向上托掌要与独立腿的劲力相合。

（4）"右金鸡独立"式与"左金鸡独立"式转换时，要松腰落胯、屈膝下蹲。

（5）动作完成时，要坐在支撑腿上，肘不要前送（与膝相对），舒适稳定即可。

（6）"金鸡独立"，一足站立，一足上提，手臂上扬，如展翅势，状若金鸡。在用法上，足踢、膝顶、手托。杨澄甫先师云："金鸡独立右式：顺势将身向前上攒起，右腿随之提起，用足尖向敌腹部踢去，右手随之前进，屈肘，指尖朝上，以闭敌人之左手"，"金鸡独立左式：右手沉下，速起左手托敌肘，提左腿，与右式同。"左右式腿和手的用法相同。

第77式　右倒撵猴

【右倒撵猴】可大体分为3个动作，详述如下。

【动作1】身势微向右转，右腿屈蹲。同时，右臂外旋，右手向右后上方（南偏西）划弧至高与肩平，掌心斜朝前；左臂向前松展至肩高，两手拇指向上。（图293）

动作2、动作3与第20式右倒撵猴动作3、动作4动作完全相同。

图293

第78式　左倒撵猴

与第21式左倒撵猴动作完全相同。

第79式　右倒撵猴

与第22式右倒撵猴动作完全相同。

第80式　斜飞势

与第23式斜飞势动作完全相同。

第81式　提手上势

与第24式提手上势动作完全相同。

第82式　白鹤亮翅

与第25式白鹤亮翅动作完全相同。

第83式　左搂膝拗步

与第26式左搂膝拗步动作完全相同。

第84式　海底针

与第27式海底针动作完全相同。

第85式　扇通背

与第28式扇通背动作完全相同。（图294）

图294

第86式　转身白蛇吐信

【转身白蛇吐信】可大体分为6个动作，详述如下。

动作1、动作2与第29式翻身撇身捶动作1、动作2动作完全相同。

【动作3】身势右转，右脚向右斜前方（西偏北）上步，脚跟着地。同时，左手向下、向右划弧下落至左胯侧，掌心朝下，指尖向前；右臂外旋，右拳渐渐松开变掌，以肩为轴由腹前经胸前向上、向前沉身撇打，掌高于肩，掌心斜朝内。（图295、图296）

图295

图296

图297

【动作4】右脚落平,身势右转,朝向正西,重心移向右腿成右弓步,左腿松开,左脚以脚跟为轴向内扣转至西南方向。同时,右臂屈肘,右手抽回于右腹前,掌心朝上,指尖向前;左手上提经右掌上方向前推出,坐腕成侧立掌。(图297)

【动作5】身势右转,重心微向后移。同时,右掌稍向右后收到右腰侧,掌心向上;左掌侧立在前,腕同胸高。(图298)

【动作6】身势左转,重心微向前移成右弓步。同时,右掌经腰间向前上方穿出,与下颌同高,掌心朝上;左手顺势收回,掌指轻贴在右前臂上,掌心朝下。(图299)

图298

图299

【转身白蛇吐信】动作要点

（1）"转身白蛇吐信"与"翻身撇身捶"的动作大同小异，在转身后，撇出的不是拳而是掌；右手收回和再次穿出仍然是掌。

（2）右掌向前穿出，寓意蛇信前吐，指根处要绷平，高度在喉或眼。"反身白蛇吐信变，采住敌手取双瞳。"从形式上看是用右手向前伸探，实质上是右腿坐实沉身，由下而上，右臂要伸展，松开右肩。

第87式　进步搬拦捶

【进步搬拦捶】可大体分为6个动作，详述如下。

【动作1】重心微向后移,身势微向左转。同时,右臂内旋,掌心翻转朝下,高与肩平;左臂渐渐外旋,掌心翻转朝上,置于右肘内侧下方,两手相距一前臂长。(图300)

图300

【动作2】身势继续左转,重心全部移到左腿坐实,右膝向上提起,小腿自然下垂。同时,右手渐渐握拳,左手引带右拳向左后收回至左腹前,掌心斜朝上;右拳收至体前,拳心斜朝内,两手相距一前臂长。(图301、图302)

动作3至动作6与第30式进步搬拦捶动作3至动作6动作完全相同。

图301 　　　　　　　　　　图302

177

第七段

第88式 上步揽雀尾

与第31式上步揽雀尾动作完全相同。

第89式 单鞭

与第4式单鞭动作完全相同。

第90式 云手（一）

与第33式云手（一）动作完全相同。

第91式 云手（二）

与第34式云手（二）动作完全相同。

第92式 云手（三）

与第35式云手（三）动作完全相同。

第93式　单鞭

与第36式单鞭动作完全相同。

第94式　高探马

与第37式高探马动作完全相同。（图303）

图303

第95式　白蛇吐信

【白蛇吐信】可大体分为2个动作，详述如下。

【动作1】重心后移，坐实右腿；左膝向上提起，左脚向前（正东）上步，脚跟着地。同时，右手下按并收至胸前，掌心朝下；左手掌心向上，指尖向前，从右手背上向前穿出。（图304、图305）

图304

图305

【动作2】左脚落平，重心前移成左弓步。同时，左手继续前穿，掌心朝上，指尖向前，高与喉平；右手继续下按，置于左肘下方，掌心朝下，指尖向左。（图306）

图306

【白蛇吐信】动作要点

（1）动作1注意沉身坐胯。

（2）动作2左臂舒展，指尖穿出的方向要对身体的中线方向，喉部高度。左手向前上方穿出时，靠腰腿劲向前穿掌，左手指根处要略挺直，手勿软。运行到终点时，要坐实在前腿，松肩臂，周身合劲。

（3）杨澄甫先师云："右手探出后，即收回，手心朝下，左手稍提起穿掌向敌喉间冲去，右手仍藏在左肘下，以应变。"

第96式　转身十字摆莲脚

【转身十字摆莲脚】可大体分为4个动作，详述如下。

【动作1】重心微向后移,身势右转,左脚掌内扣至西南方向落平,重心渐渐移向左腿坐实;右脚跟内收。同时,左前臂屈肘上举,随转体经头左侧向前下按,掌心朝下,指尖斜向前,高与肩平;右手向右移至胸前,掌心朝下,指尖向左。(图307、图308)

图307

图308

【动作2】随即,调正腰胯,右脚提起向前(西偏北)落步,脚掌着地成右虚步。同时,左手向下、向内弧形收至腹前,掌心朝下,指尖向右;右手微向上提从左前臂上方向前探出,掌心向下,指尖斜向前,高与肩平。(图309)

【动作3】重心移到左腿坐实,身势左转,右脚跟向上提起外展。同时,右手向左划弧,高与胸平,掌心朝下;左手上提,与胸同高,掌心朝下。(图310)

图309 　　　　　　　　　　　图310

【动作4】右膝向上提起，身势右转，右脚自左向右上方弧形外摆，脚高不过肩，脚面展平。同时，右手弧形向右下方收回，按于右胯旁，掌心朝下，指尖向前；左手由胸前经右前臂上方向前迎击右脚面，掌心斜朝前，高与胸平。（图311、图312）

图311 　　　　　　　　　　　图312

随后右脚下落，右膝上提，小腿向下松垂成左独立步，朝向正西；右手按在右胯侧，掌心朝下，左手掌心朝下，指尖斜向前，与胸同高。（图313）

图313

【转身十字摆莲脚】动作要点

（1）动作1右转时要松开左腿扣胯，调整右虚步要与按左掌和探右掌同时进行，右脚要先于探掌落地，力由脚下贯穿到掌。左掌举起为扑面掌。

（2）动作3为蓄，是摆脚之前的准备动作，此时周身要松开，右肩和左胯相合，蓄住腰劲。另外，右膝微向内扣合，右脚跟微向外展。

（3）动作4为发，摆脚时，周身放松，右膝上提，腰胯合住，以脚外摆为主，左手从胸前迎击右脚面。以脚摆踢左手，而不是以手主动去拍打脚。

（4）摆脚动作完成后，周身自然松开，支撑腿要有弹性，保持独立的稳定。同时，左臂要放松，不可僵直，右手自然按在右胯侧，不要提肘、耸肩。

（5）"转身十字摆莲脚"也称"单摆莲脚"，伸顺拳、踢拗腿为十字腿，这是传统拳套路中"十字腿"的早期练法。杨澄甫先生当年南下到上海授拳，将此动作改为转身右蹬脚，命名为"十字腿"。崔毅士先生传套路中仍沿用杨家早期单摆莲脚的练法。

第97式　搂膝指裆捶

【搂膝指裆捶】可大体分为3个动作，详述如下。

【动作1】身势微向左转，左腿屈膝下蹲；右脚向前（西）上步，脚跟着地。同时，两肩松开，左手向左、向下划弧到身体左胯侧前方，掌心朝下；右手向前、向上移至体前，掌心朝下，指尖向左，与胸同高。（图314、图315）

图314

图315

图316

图317

【动作2】身势右转，右脚掌外摆至西北方向，重心前移至右腿，左脚向前提起。同时，左臂外旋，左手向右划弧至胸前，掌心斜朝右；右臂外旋，右手渐渐握拳，屈臂收至右腹侧，拳心向上。（图316、图317）

【动作3】左脚向前（西）上步落平，身势左转，重心前移成左弓步。同时，左手向前下方绕膝搂至左膝外侧，掌心朝下，指尖向前；右臂内旋，右拳由右腹侧向前打出，高与腹齐，拳面朝前。（图318、图319）

图318　　　　　　图318附图

图319

【搂膝指裆捶】动作要点

（1）注意动作1的"身势左转"，如果直接右转右脚上步，左腿拧劲，给上步造成困难，所以要先将身势稍向左转，把骨架调顺，胯根松开，左腿屈膝下蹲，然后右脚自能顺遂迈出。

（2）"指裆捶"是太极五捶之一。搂膝后，乘势用拳进击对方裆部。杨澄甫先师云："设敌人用右足自下踢来，我急用左手，将敌右足往左膝外搂开，右手随即握拳向敌裆部指去，身微向前俯。"

（3）"指裆捶"与"栽捶"的区别主要在于拳的劲力指向不同。指裆捶直指裆下，栽捶是向下栽击。

第八段

第98式 上步揽雀尾

【上步揽雀尾】可大体分为10个动作，详述如下。

【动作1】掤式。调正上身，身势左转，左脚外摆至西南方向落平，膝向前弓，右脚跟向上提起。同时，右手内旋向右、向上划弧，与肩同高，拳心朝下；左手外旋向下、向左划弧至左腹前，掌心朝内。（图320）

图320

【动作2】身势继续左转,重心完全移到左腿;右脚经左脚内侧提起,向前方(西)上步,脚跟着地。同时,左手向左、向上划弧,随即臂内旋,屈肘带动左手移到左胸前,掌心朝下;右臂外旋,右拳渐渐松开,向右、向下划弧抄抱于左前臂下方,掌心朝内。眼随视右手方向。(图321、图322)

动作3至动作10与第31式上步揽雀尾动作3至动作10动作完全相同。

图321　　　　　　图322

第99式　单鞭

与第4式单鞭动作完全相同。

第100式　蛇身下势

与第74式蛇身下势动作完全相同。(图323)

图323

第101式　上步七星

【上步七星】可大体分为3个动作，详述如下。

【动作1】左脚外摆，脚尖朝向正东，左腿屈膝前弓，重心前移，右脚掌内扣至东南方向，成左弓步。同时，左手向上挑起成侧立掌，腕与胸同高；右臂内旋，右手松勾下垂至右胯侧后方，掌心朝后。（图324）

图324

【动作2】身势左转，左脚掌外摆至东北方向，顶劲上领，重心前移至左腿坐实；右脚跟向上提起。同时，左臂内旋，向外、向下划弧，右手向外、向前划弧，两手同步运行到体侧前方，两手掌心朝下，与腰同高。（图325）

图325

【动作3】重心全部移到左腿，右脚向前（东）落步，膝稍微向上提，脚掌着地成右虚步。同时，两手渐渐握拳，两臂外旋，在胸前交叉合抱，并向上掤架，左拳在里，右拳在外，两拳心斜向内，与下颌同高。（图326、图327）

图326　　　　　　　　　　图327

【上步七星】动作要点

（1）动作1左弓步完成时，注意右手勾要松开。

（2）动作2左脚外摆，重心前移时，注意左膝向前弓，左脚踩实，右脚跟向上提起，尾骨向前收敛。

（3）动作3右脚向前落步要平稳，脚落地后，劲力由下而上节节贯穿地运行到两臂交叉，用掤劲向上架起。

（4）两拳交叉向上掤架时，沉肩垂肘。肩不可上耸，肘不要外翻上翘。

（5）动作3虚步步型要坐实左腿，右膝上提，右腿不可挺直。

（6）两臂交叉，两拳斜相对，名曰七星式。"上步七星架手式"可防对方由上方袭来之手，也可用拳直击对方胸部。

第102式　退步跨虎

【退步跨虎】可大体分为4个动作，详述如下。

【动作1】身势左转，右脚向后（西偏南）撤一步，脚掌先着地，随即脚跟内收落平。同时，左臂向左前方伸展，拳心朝内，高与头平；右拳向左、向下收至左肘内侧下方，拳心朝内。（图328）

图328

图329

【动作2】重心移向右腿，身势右转，左腿屈膝向上提起。同时，右手拳向下、向右后斜上方（西南）划弧，腕与肩同高，拳心朝前；左手向右划弧，臂内旋，经面前至胸前，拳心朝下。（图329、图330）

图330

【动作3】身势左转,右腿坐实,左膝提住。同时,左臂横于胸前,拳心朝下;右手握拳屈臂掩肘,向左合至右肩前,拳心斜朝内,与头同高。(图331)

【动作4】调正腰胯,左脚向前(东)落步,脚掌着地成左虚步。同时,两拳渐渐松开变掌,向左右分开,左手微内旋,向左下划弧到左胯外侧,掌心斜朝外,指尖向前;右手内旋,向右横开,掌心朝外,指尖斜向上,高与头平。(图332)

图331　　　　　　　　图332

【退步跨虎】动作要点

(1)"退步跨虎"关键在一个"退"字。动作1向后撤步时,松开胯根,步子可以稍大一点。

(2)练习太极拳周身上下要互相呼应,如左手与右手、左手与右脚等。动作2右手拳向下、向右后斜上方划弧时,就好像右手拳将左脚拉回一般。

(3)动作4退步跨虎为"开"劲,动作完成后,敛臀坐实右腿,松腰落胯;要能运用腰脊的力量,达于两臂,两臂要呈弧形外撑;身体要中正安舒。

（4）在用法上，杨澄甫先师云："将两腕粘在敌之两腕里，左手往左侧下方挒开，右手往右侧上方黏起，两手心随向外翻，右脚随往后退一步，落下坐实，腰随往下沉劲，左足随之提起，脚尖点地，遂成跨虎形，使敌全身之力皆落空。"

第103式　转身双摆莲

【转身双摆莲】可大体分为5个动作，详述如下。

【动作1】身势右转，左脚跟外展，脚尖朝向正南。同时，左手向外、向上，右手向下，两手移至身体两侧，掌心朝外，与胸同高。眼神关注左手方向。（图333）

图333

【动作2】重心左移到左腿，身势继续右转，右脚跟内收，随即重心前移到右腿，左脚跟向上抬起，以右脚掌为轴，左脚向右脚斜后方（西偏北）勾脚扫腿扣转，脚跟着地。同时，右手向下、向左划弧至右腹前，掌心朝下，指尖向左；左手向右划弧至胸前，掌心斜朝下。（图334~图337）

第一章 传统杨式太极拳108式

图334

图335

图336

图337

【动作3】身势继续右转，左脚以脚跟为轴向内扣转，脚尖朝向东北方向；左腿屈膝，重心左移，右脚跟微向上提，以脚掌为轴，脚跟内收，身体转到正东方向，随即右膝向上提起，右脚向前落步，脚掌着地成右虚步。同时，

193

右手上提，掌心朝下，渐渐从左前臂上穿出，两掌随转体向右弧形运转，右手置于身体右前方，掌心斜向下，腕同肩高；左手移于右肘内侧下方，掌心向下。（图338、图339）

图338

图339

【动作4】身势微向左转，右脚跟微向外展，右膝向内裹合微上提；两肩松开，两手松开向腹前下落，掌心朝下，指尖向右。（图340）

图340

第一章　传统杨式太极拳108式

【动作5】身势右转，随着向右转体右腿自左向右弧形外摆，膝部自然微屈，脚高不超过肩部。同时，两掌左手在先右手在后，自右向左迎击右脚面外侧。（图341）

图341

随即右脚下落，右膝上提，小腿向下松垂成左独立步。同时，双掌继续左摆，置于身体左侧前方，两掌心向下，左臂舒展，高与肩平，右臂屈收，右手在左肘内侧下方。眼神先关注两掌拍击右脚面，随之注视左手方向。（图342）

图342

【转身双摆莲】动作要点

（1）转身双摆莲，身体向右后旋转一周。动作2要在右脚跟内收完成后，再借助左腿向右后摆动勾扫和向右转体之势平稳转动。扫腿前留住腰，此为蓄

195

势，不要过早转体以失去动势。身体要保持正直。

（2）动作3转体时，重心从右脚过渡至左脚要平稳圆活，两膝屈松完成重心转换。转动过程中，两臂收紧裹合住。如旋风般转体一周，身体不可歪斜。

（3）摆脚时右膝上提，自左向右弧形摆动，以腰胯右转的横劲提高摆腿的力度；双手依次迎击右脚面，先左手，后右手，左手轻，右手重，两响要清脆。

（4）做摆莲动作时，劲由左腿而上，经腰胯连接，达于右脚，不可站死左腿，只用右脚摆。支撑腿要放松，才能做到独立稳定。右腿在摆莲完成后也要放松，右膝上提，腿虚悬。

（5）杨澄甫先师云："复转至原位时，紧将敌右肘腕粘住，随绕敌之腕里，往左用挒带捌抽回，急用右脚背向敌胸胁部，用横劲踢去，脚过似疾风摆荡莲叶，所谓柔腰百折若无骨，撒去满身都是手，此功之奥妙，非浅学者所可领略也。"

第104式　弯弓射虎

【弯弓射虎】可大体分为4个动作，详述如下。

【动作1】左腿向下屈蹲，身势微向左转；右脚向右前方（东南）上步，脚跟着地。同时，两掌继续左摆，掌心都朝下，高与胸齐，右手在左胸前，两手相距一前臂长。眼神关注双手摆出方向。（图343）

图343

【动作2】右脚落平,脚尖朝向东偏南方向,身势右转。同时,右臂渐渐外旋,右手掌心斜向上,引领左手随转体自左而下经腹前向右划弧至右膝外侧;左手跟随右手向下、向右划弧,掌心朝下,两手相距一前臂长。(图344)

图344

【动作3】重心保持在左腿。同时,两手继续向右划弧,渐渐握拳,右臂屈肘上提,臂内旋,拳心斜朝下,高与肩齐;左拳提至胸前,拳心朝下。(图345、图346)

图345  图346

【动作4】身势左转，重心前移到右腿成右弓步。同时，两臂掤住，左拳向左前方（东北）打出，高与胸平，左手扣腕上扬，拳心斜朝前下方；右臂继续内旋，右拳向右上划弧，置于头右侧上方，拳心翻转朝外。（图347）

图347　　　　　　　　图347附图

【弯弓射虎】动作要点

（1）动作1右脚落地时，两掌向左摆是一个对拉劲，眼神要随双掌运动方向望去。

（2）动作2右脚落平后再向右转腰。双手向右下划弧，意在粘黏对方手腕和肘。

（3）动作4右手护头，左手前击，两手要按各自的路线运行。动作完成时，裆劲要下沉，身势略向前倾，不失中正。

（4）弯弓射虎拳打向东北方向。

（5）弯弓射虎也可两拳用腰腿劲同时快速向前击打，谓之双撞捶。

（6）杨澄甫先师云："握拳从左隅角击去，左手同时沉在敌右肘部击去，右腿随往右落下坐实，右手辄向敌胸部击去，皆要蓄其势，腰下沉劲，略如骑马裆式，左脚变虚，如成射虎弯弓之势也。"

第105式　进步搬拦捶

【进步搬拦捶】可大体分为6个动作，详述如下。

【动作1】重心微向后移，身势微向左转。同时，右臂向前下方松展，右手握拳，高与头齐，拳心朝外；左臂渐渐外旋松拳成掌，掌心翻转斜朝内置于体前，与胸同高，两手相距一前臂长。（图348）

图348

【动作2】身势继续左转，重心全部移到左腿坐实，右膝向上提起，小腿自然下垂。同时，左手引带右拳向左后收回至左腹前，掌心斜朝上；右拳收至体前，拳心斜朝内，两手相距一小臂长。（图349）

动作3至动作6与第14式进步搬拦捶动作3至动作6动作完全相同。

图349 　　　　图349附图

第106式　如封似闭

与第15式如封似闭动作完全相同。

第107式　十字手

与第16式十字手动作完全相同。（图350）

图350

第108式　收势合太极

【收势合太极】可大体分为3个动作，详述如下。

图351

【动作1】两臂内旋并左右分开伸展同肩高，掌心朝下，外侧相距同肩宽。（图351）

【动作2】松肩垂肘，两掌渐渐坐腕，徐徐向下按至两腿前外侧，掌心朝下，指尖向前。（图352）

图352

【动作3】松腕垂指，臂外旋，两手掌心向内，复归于无极状态。（图353）

图353

【收势合太极】动作要点

（1）太极拳势演练完成，收心意、调呼吸，一切复归于无极状态。

（2）杨澄甫先师云："合太极，此为一套拳终了之时，学者尤不可忽略，合太极者，合两仪、四象、八卦、六十四卦，而仍归于太极，即收其心意气息，复全归于丹田，凝神静虑，知止有定，不可散失，以免贻笑大方也。"

（3）其余请参考第1式预备式动作要点。

第二章　传统技法

"手眼身法步，精神气力功"，太极拳属于武术，武术的传统技法是我们中华民族武术的根、是灵魂。练习太极拳不偏离太极拳理，不丢弃传统练法，从最基本的技法入手，贯彻"力起于脚，发于腿，主宰于腰，形于指"，方能达到事半功倍的效果。

随着社会的发展，太极拳被更多的人作为养生、健身运动的首选。养生的同时又不失太极原理才可称为太极拳。老话说"差之毫厘，谬之千里"，"细节决定成败"。下面就从传统杨式太极拳的练习技法上，抽丝剥茧地作出详细讲解。

一、基本知识

（一）太极与太极拳

何为太极？太极是我国文化史上的一个重要概念，是古代先贤用哲学思想说明世界本原的范畴。"太极"一词最早见于《庄子》中，"大道，在太极之上而不为高；在六极之下而不为深；先天地而不为久；长于上古而不为老"。后在《易传》中记载"易有太极，是生两仪。两仪生四象，四象生八卦。"南宋朱熹认为，"总天地万物之理，便是太极"，"太极"是派生万物的本源。

古人云，"太极之先，本为无极。鸿蒙一气，混然不分，故无极为太极之母，即万物先天之机也"；老子《道德经》中"万物生于有，有生于无"讲的也是这个道理。太极在道家一般是指宇宙最原始的秩序状态，出现于阴阳未分的混沌时期（无极）之后，而后形成万物（宇宙）的本源。"一阴一阳之谓道"，太极学说最基本的观点是指一个事物的两个方面，即"一物两体"。万事、万物都有两面，并且不断地变化，也有一定的关联。"太"，其意为大；"极"，指极点、尽头，也就是说大到极了、又小到极了。物极则变，变则化，所以变化之源是太极。

何为太极拳？王宗岳《太极拳论》曰："太极者，无极而生，动静之机，阴阳之母也。"由无极而太极，动生于静。无极是静，寂然不动；太极是动，感而随通。太极图形为两条环抱的阴阳鱼，白鱼中有黑眼睛，黑鱼中有白眼睛，代表着事物变化中的阳中有阴、阴中有阳，阴阳相互依存、互相转化这样一个变化规律。

太极拳是中华民族传统武术优秀项目之一，是我们祖先在长期的社会实践中不断积累和丰富起来、具有深厚底蕴的国家级非物质文化遗产。传统太极拳生长并根植在民间，渗透着中华民族智慧的结晶，集传统儒家文化精髓和道家阴阳辩证哲学理念，与武术、医术、军事思想完美结合。

王宗岳先贤在解张三丰祖师太极拳歌诀中有："十三势者，掤、捋、挤、按、採、挒、肘、靠，此八卦也。进步、退步、左顾、右盼、中定，此五行也。合而言之，曰十三势。掤捋挤按，即坎离震兑，四正方也；採挒肘靠，即乾坤艮巽，四斜角也。进退顾盼定，即水火金木土也。"这是较早地将太极拳十三势与八卦、五行学说相结合的文字。

于志钧先生对太极拳做了科学的定义："太极拳是一种中国古代民间个体徒手技击术。理论基础是太极学说，技术特点是以静制动，以柔克刚，顺势借力，达到以弱胜强。练习步骤是由招熟而懂劲，阶及神明。强调避免双重。"太极拳既是养生术，又是技击术。

言简意赅地说，太极拳是以太极的阴阳变换为基本理念，以拳术动作为载体的武术拳种。太极分阴阳，太极拳是在阴阳思想指导下的分虚实、开合、进退、蓄发、刚柔、松紧、快慢、动静、过与不及等之拳术，外练筋骨皮，内练精气神。以王宗岳的《太极拳论》为理论指导，由外入内，由内而外，由简入繁，由繁化简；历尽沧海后又返璞归真，一步步到达太极拳的高级境界。

太极拳过去是不分家的，新中国成立后，被主管部门按不同演练特点、分别由不同姓氏为代表的太极拳群体分成几家，最早的几家是杨式、陈式、吴式、武式、孙式。

各家太极拳的拳架有各家不同的演练风格和特点，原则上说练哪家的拳就按哪家的规矩和要求学练。尽管各家各式太极拳的侧重点不同，只要是太极拳就一定是以王宗岳的《太极拳论》为理论指导，舍此即非太极拳。

随着社会的变迁，由主管部门大力推广，太极拳成为大众健身的极佳项目。经数年操练，太极拳柔和缓慢、内外兼修的健身效果深入每个太极拳爱好者的心中。越来越多的人在强身健体的同时，更加关注传统太极拳的练法、用法，穷毕生精力研究、继承和发展传统太极拳。

传统杨式太极拳总是要在前面冠以"传统"二字，原因是自1956年简化24式太极拳诞生以来，被作为杨式太极拳的范本流传广泛，又被作为太极拳集体演练的首选，有杨式太极拳之名而无杨式太极拳操练精髓之实。黄永德师伯说"健健身没问题，出不来功夫"。

传统杨式太极拳的特点是沉稳浑厚、舒展大方、松沉轻灵兼而有之。目前习练人群较多的有"南傅北崔"的说法，南方代表人物傅钟文，北方代表人物崔毅士。

崔毅士先生1909年拜杨澄甫为师，1928—1936年随杨澄甫南下授拳，他是杨澄甫早期入室弟子，一直保持着杨澄甫尊师的早期练法。他严格遵守杨家授拳的明规矩而守规矩，脱规矩而合规矩的训导，专攻杨式太极拳功架。由于多年随师授拳，毕生精心研修，深得杨家太极拳、刀、剑、大杆（枪）、推手真传。他功底深厚，造诣精深，尤以推手为最擅长，在中国武术界被誉为"燕京泰斗"，成为杨式太极拳在北京传承的重要代表人物。崔毅士拳势的特点：宽大绵柔、浑厚舒展，技艺炉火纯青，被誉为松沉大师；有独具特色的皮筋劲和秤砣劲；还有就是最重要的用骨架练拳。

（二）太极拳架

太极拳架有高低之分，练拳要选取适合自己的功架。老辈人的说法是：练拳的功架分低、中、高，各有所长，各有所取。每一个练拳阶段的目标不同，所取功架的高低也就不同，功夫的高低和练拳时功架的高低不能简单地以好或不好下结论。尤其是学练传统太极拳，对此要有明明白白的认识，以便明明白白的练拳。初学太极拳者和老年人拳架宜高，对此不做更多要求。

1. 低功架练形

低功架练拳，练习强度大，体能消耗大，是对下盘功夫的强化训练。如髋关节活动范围加大，下肢的支撑力加强，抻筋拔骨，有利于锻炼腰胯的柔韧性。练拳时架势较低，有利于重心下移和稳固下盘。在低功架练习下盘的同时，还要注意拳式套路的规格标准、行拳的方向变化，在身型身法、步型步法、手型手法上打下扎实的基础，这是学规矩练功夫、求开展的阶段。取低功架练习太极拳，练的是抻筋拔骨、大开大合，练的是肌肉、骨骼和外形上的东西。

低功架由于步子偏大、架势偏低，此时的行拳走架，多以本力支撑自己的身体。前后步距和左右步宽拉开后，两胯根不易合住，很难发出浑身的整劲。由于用本力控制自己身体的移动，虚实的变化做不到圆活处理，常带重心移动，动作不流畅，难以做到行拳时的绵绵不断。低功架练拳腿部负担太重，尤其是对膝关节容易造成伤害，还会由于胯关节和膝关节不易松开而内气不易下沉。

低功架练太极拳，在做马步和弓步时，大腿和小腿之间的夹角较小，此时要注意这个夹角最好不小于90°，以免形成"M裆"。弓步时，还要注意前膝不可弓过脚尖，后脚外缘不可向上掀起；后坐时，臀部不可向外凸出，上身不可前倾。

有人认为练低功架人体重心降低了，稳定性就强。其实，在增强稳定性的同时必然丢失了灵活性。由于低功架练拳出筋骨力的功夫，不少行内人士仍然采用低功架练习太极拳。

2. 中功架练气

中功架练拳是练习太极拳中普遍采用的练法。中架行拳架势高低适中，对练习松身沉气及轻灵的虚实转换大有益处，可以在练习松沉中自然而然地养成逆腹式呼吸的习惯，达到气沉丹田的目的。中功架练拳的注意力在于周身一家，求内、外三合，心意的开合带动肢体的运动。虚实的变化已不再是本力下的支配，而是由松沉而轻灵中产生的虚实变化。此时行拳处处体会松活、松手脚、松膝踝、松腰胯、松胸背、松肩肘、松头颈。前进后退中的虚实变化要在力松沉下去又返上来的过程中交替完成，重心的移动要力求轻灵自然，此实一分彼虚一分，不多不少恰到好处，绵绵不断油然而生。

中功架练拳还要注意圆活饱满，肢体舒展，意气放得远。手眼身法步处处合度。

气沉丹田是中功架练拳必须达到的目标，但这只是第一步，还要逐步完成劲力松落脚底，植根入地，浑身弹性，掤捋挤按採挒肘靠，融会贯通。这是守规矩、合规矩阶段。

（三）高功架练虚无

取高架练习，练的是轻灵圆活、虚无神明。圆活，用老话讲叫安轮，肩、胯四大轮，肘、膝四小轮，周身上下各个大小关节运转起来圆活自如，身上的每一个关节、每一块肌肉都听从自己支配。内劲在体内像水一样自由流动，毫无阻滞。此时练的是内里的东西，左右的虚实变化，神秘莫测，由外及内，大圈到小圈，小圈到无圈；又由内达外，在推手中迅如闪电，惊弹抖擞，人不知我，我独知人。

练虚无也需要练中定的功夫。中定是太极十三势的魂，达到此功夫，必离不开拳架与推手的结合，方能把握得毫发不差。

拳练到此时，看着不起眼，摸哪哪没有，又浑身都是手，发人没商量。高功架练拳速度往往很快，一动无有不动，周身整体一家，不再拘泥于一招一式，而处处又暗含招式。在公园里经常可以看到一些人高功架练拳，深不可测。

二、基本技法要领

传统杨式太极拳的基本技术要领包含了杨澄甫先师《太极拳术十要》的内容。虚灵顶劲是杨式太极拳"十要"之首，但是虚灵顶劲离不开气沉丹田，气沉丹田又离不开松身，松身又源于脚下的功夫。下文中的技术要领并没有按照"十要"的顺序排序，而是从脚下逐渐往上写起，各要领相互关联，又相互制约，牵一发而动全身。

最后要将周身整合在一起，做到"手领、腰催、身随"，上下贯穿一气。手领着往要去的地方去，腰在手的后面催动着，身也要完整一气地跟上。如果手慢了，腰跑到手的前面，身子过去是要挨打的，所以手要护在前面。如果手在前面走，腰没有跟上，身势是散乱的。身随，则是一动脚下也要动，要分虚实，要灵活。

我们学习杨式太极拳技法，要全面了解、全面掌握，否则只能是管中窥豹，差之毫厘，谬以千里。

（一）脚踏实地

拳谚云："先看一步走，再看一出手。"太极拳拳架套路是由向前上步、向后撤步和侧行移动等步法组成。出脚落地，脚是不是放平了再移动重心，这是有效检验练拳者能不能将劲力松沉到脚下，掌握"由脚而腿而腰，形于指"的太极拳劲力运行方法之一。黄永德先生说过："脚放平了再走，出功夫！"出什么功夫？出的是松沉的功夫，出的是太极的功夫！一句话的点拨胜过千言万语，太极拳练的就是这种脚下的功夫，脚放平了，膝放松了，腰胯松竖，肩背能放下去，既而从脚下踩上来的力通达于指。

老子在《道德经》中言道："合抱之木，生于毫末；九层之台，趋于垒土；千里之行，始于足下。"练习太极拳也是要先从脚下练起，以下介绍在各步法中如何实现身体的放松，走出随心所欲的太极步。

1. 前进步

出脚上步。先屈腿敛臀坐在支撑腿上，上步的腿要放松，先以脚大趾引领，与地面平行向前探出，随即脚跟（脚后掌）着地，前脚掌略向上扬（不要过高），然后将前脚掌落平，同时松开胯根，劲力引向支撑腿脚下。松开脚趾、脚踝，前腿屈膝前弓，重心前移（此时劲力要含蓄在丹田），当感觉前脚掌完全贴实地面时，将劲力从前脚松落下去，重心继续前移，坐实前腿，后腿松松掤开成弓步，此时胯、腰、背、肩也完全松开，完成身体的下实上虚。

要点：向前迈步时，体重要坐在支撑腿上，劲力从支撑腿向下松沉，迈出的脚自然被送出。换言之，坐时臀部收敛，命门自然外凸形成腰弓，以腰弓的弹性将脚送出。弓步完成时，前脚尖要放正，弓腿以小腿与地面垂直为宜，膝盖前弓不可逾越脚尖，后膝外开，裆部松撑圆活。感觉全脚掌与地面贴平，俗称"涌泉穴与大地接吻"，脚上各个关节都要放松。"腿曲至垂直为准，逾此谓之过劲。身躯前仆，即失中正之势。"杨澄甫先师之言不可不察。最要紧处，一定要等前脚落平后再向前移动重心成弓步，切不可一边落前脚掌一边向前弓腿移重心，这样很难松开下肢。

摆脚向前移重心。摆脚前，后虚腿的胯向下沉落，前实腿的胯根内收，膝向上提，胯自然向上，此时重心已微向后移，前脚掌虚起，小腿垂直地面，再以腰胯的转动带动膝、脚的外摆。脚的外摆角度要略大于45°，黄永德师伯特意交待，要以脚内侧对45°为宜。此时支撑腿的膝盖有一个向外侧的掤劲，可以很稳定地支撑住身体的左、右转体，并消除迈步时带来的膝部里外摇摆。前脚外摆完成后，在放平脚的同时，后脚跟要随着重心的前移缓缓提起，重心继续前移，这样做才能轻便地将后腿收回。

身体向摆脚侧的转体一定要适度，以能敛臀将后腿轻松收回为准。接下来的向另一侧的转体，则是要等收回的腿将要迈出的瞬间才开始。

注意左脚或右脚向前上步，落平脚掌时不可牵带身体重心，向前弓步时不要将身体重量压在膝盖上。初学时，切记要给放平脚掌一点时间，只有脚踏实地了，才能松开周身，顺畅完成动作。另外，所谓脚下走弧线，是在上步的过程中，由于转体（俗称转腰）和敛臀将腿的收回与迈出两个动作自然复合生成的，不可一味地不转腰只用脚蹚走弧线。还要注意以腰脊的开合带动四肢的收放。

2. 后退步

举一反三，后退步与前进步有异曲同工之妙。向后撤步时劲力从支撑腿向下松落，虚腿自然向上提起，经支撑脚内侧向后撤出，切忌带体重向后落步。后退步脚掌先落地，脚跟内收，全脚掌渐渐落平时，松开胯根，此时要保持重心在前腿，随即顺势屈后腿，边转体边向后移动重心，前腿伸展，前脚随转体以脚跟为轴将脚尖碾正。后退步注意前脚向上抬起时，是以实腿的稳实带起虚腿屈膝上提，身势不可忽高忽低地上下起伏。

3. 侧行步

练习侧行步的关键同样是全身松开，平行出步的腿要放松，支撑腿一侧的腰胯更要放松。和上步相同，劲力从支撑腿松落到脚底，平行出步的腿自然而然向上提起，向侧面迈出。侧行步连续移动时，就像跷跷板一样，一侧腿渐实，另一侧腿渐虚。应避免支撑腿僵硬，用本力控制迈出腿。在练习侧行步时，不要忘记落下的脚和提起的脚要五趾松开，脚跟、脚掌、脚趾轻柔过渡，不可起落像砸夯一样。

（二）落地生根

太极拳以足为根，吴图南先生对足的论述："足在全体之最下，为全身之根源。足动，则全身动，足停，则全身停。故练习国术者，应注意足之所在地，然后方能定攻守之计划。且步法敏捷，身法活泼，进退得体，攻守得当，因敌变化，以示神奇，皆在足之一举一动。"

传统杨式太极拳的显著特点之一是沉稳浑厚，讲究落地生根。上步的脚一旦落地，全脚放平，在之后的动作中就不可来回扭转，而是用腰、胯、踝调整位置的舒适稳定，这是出功夫的特定要求，不可以在一个动作中像滑冰一样来回地调整脚的位置。比如在揽雀尾式子中的向前弓步和向后坐步，后脚不要来回碾转；连续上步的搂膝拗步式和野马分鬃式，外摆脚落地就恰到好处，要避免弓步时再蹬转后脚。对于一般大众健身和初学者，由于身体放松不下来的原因，可以适当扣或摆脚掌，保持中正安舒，日久练拳周身放松后，就可以做到上述要点。

落地生根的另一个表现形式是虚实互根。当以一腿支撑，另一腿向前或向后移动时，虚腿应当将劲力完全收回到身体内（脚不点地），然后再向前上步或向后撤步。无论向前或向后出步，都不可牵动身体重心，带重心移动俗称跳坑、刨地或砸夯，这样是练不出太极拳应有的轻灵劲的。

（三）松腰活胯

练习内家拳盛传"形意拳的手，八卦掌的脚，太极拳的腰"，太极拳历来强调腰为主宰的重要性。《太极拳术十要》中的第三要点是松腰，"腰为一身之主宰，能松腰然后两足有力，下盘稳固；虚实变化皆由腰转动，故曰：'命意源头在腰隙'，有不得力必于腰腿求之也。"

太极拳的腰平时要松竖，一旦要发力时，就要与胯紧密结合，将脚下的力节节向上运行，才能蓄好腰弓，在发力完成的瞬间要及时松开腰胯，复又保持腰部的松竖状态。腿是人体的根基，如果腿松不下去，胯处于僵紧状态，腰的主宰功能就微乎其微。腰和腿之间的部分称为胯。胯骨是由左右髋骨和一块骶骨及其韧带连结而成。人的脊柱包括腰椎5节，第5腰椎与骶骨相连接，腰与胯形成一个联动的整体。

杨氏太极拳老谱中记载的王宗岳对张三丰《太极拳歌诀六首》中的第二首"莫教断续一气研"一句解道："无使有凸凹处，无使有断续处。其根在脚，发于腿，主宰于腰，形于手指。由脚而腿而腰，总须完整一气。向前退后，乃得机得势。有不得机得势处，身便散乱，其病必于腰腿间求之。"请大家注意最后一句"其病必于腰腿间求之"，这个"间"字。腰腿间就是胯！这是杨家老谱的真传，一字点破天机。胯如此之重要，过去老拳师往往独秘自珍，教拳不传胯。

我们经常讲胯的动作，如开胯、落胯、缩胯、坐胯、塌胯、合胯等，无论复杂成多少种，这些动作都是髋关节的髋臼与股骨头两部分以及联合部位肌肉、韧带的收束、开张以及旋动整合组成的活动状态。髋关节是人体最大的关节，能将上身的重量传递给下肢，能使下肢做前伸、后屈、外展、内旋等各种运动，能负重，能减震，而且还能够适应由骨的杠杆作用产生的巨大力量。"胯"为人体一身运动的枢纽，胯的运转要圆活。胯不仅仅是在一个平面上的活动，而是立体的转动，前后、上下、左右，可正转、可逆转，根据身体虚实变化的大小、方向而变化。胯活，则一身活，只有胯松活了，能量才能充分发挥出来。

练习太极拳要正确处理腰胯之间的随动关系，"转腰"的动作实际上是转腰胯。太极拳讲究一动无有不动，在动作中，不能只动腰不动胯，胯死住不动了，劲力很难顺利地通达到上肢。事实上腰与胯应该同步转动，腰不可脱离胯单独拧转，如果离开胯，腰的主宰功能就不能正常发挥。

太极拳外形上是以腰胯做力的传导，力的进出枢纽就在腰胯，来来往往的劲力集蓄于此，又从这里出发到该去的地方，内在就是丹田的催动。力出发的时间、大小就是用心意传达、丹田控制。内外结合起来完成动作的整体劲力，这种对力收放的控制能力的大小就是评价太极功夫高低的标准。

我们人体脊椎的椎间关节动度很小，属于微动关节。脊柱是要避免横向主动发力的，容易导致脊柱的损伤而得不偿失。在太极拳的练习中，特别是推手技击上，要科学合理地运用腰力，避免用力不当损伤腰椎。腰弓为人身重要的一张弓，既然是弓就要起作用，弓拉开了具有相当威慑力，可是如果只拉弓不放箭，这张弓是没用的。腰也是这样，随着拳势的需要而开合、蓄发，而不能一成不变地弓着腰练拳。

所以不得机不得势，很大原因是腿没松开，或是腰不得力，或是腰与胯没有结合好。初学太极拳时，不要刻意模仿腰胯的动作，否则必将走进另一个误区。

（四）碾步摩转

《太极拳术十要》中的第九要是"相连不断"。"外家拳术，其劲乃后天之拙劲，故有起有止，有续有断，旧力已尽，新力未生，此时最易为人所乘。太极拳用意不用力，自始至终，绵绵不断，周而复始，循环无穷。原论所谓'如长江大河，滔滔不绝'，又曰：'运劲如抽丝。'皆言其贯串一气也。"

杨式太极拳从起势开始，式式包含着若干个重心的移动和虚实转换，尤其是一式与另一式之间的连接绵绵不断，在外形上毫无间断，这与掌握正确的碾步方法有关。

碾步是以脚跟为轴，脚掌轻贴地面碾转（或以脚掌为轴碾转脚跟），如同碾砣在碾盘上转动一样，杨式太极拳的碾步由此而得名，这也是传统杨式太极拳的显著特点之一。

碾步大体分以下几种情况：

（1）连续的上步，步与步之间的衔接需要碾步（如搂膝拗步、野马分鬃）。碾步之先，前弓腿的重心一定要移动到脚跟上，此时前脚掌虚贴地面，然后再转体。通过抽胯根以及腰脊的催动至膝带动，以脚跟为轴脚掌轻贴地面向外辗转。碾步过程中切忌脚掌高高翘起、离开地面的挪动方式。

在碾步过程中需要注意，不可将体重全部沉落在前弓腿的膝关节上。此时身体要放松，内劲要向上虚灵，如果此时体重全部落在弓腿上，在碾步时又不知虚灵，久而久之膝关节必会受损。

（2）拳势转换方向时需要碾步（如揽雀尾接单鞭、抱虎归山接肘底看捶、扇通背接翻身撇身捶等）。此类碾步转体大都在180°以上，开始时要微向后移动重心，将前腿变虚，以前腿的脚跟为轴，脚掌轻贴地面向内碾转。转体在180°以上的拳式，除了注意掌握碾转的方法，还要注意圆裆开胯，即在转体之前，两腿膝、胯放松，先将后腿膝盖松开，在转体的过程中，以腰的转动带动前脚以脚跟为轴向内碾转，此时有如马步过渡，避免尖裆和撅臀。

（3）在大角度转体之后，形成弓步之势时，前腿向前弓，后脚要向内扣脚碾转（如揽雀尾接单鞭、扇通背接翻身撇身捶等拳式）。此处与简化24式太极拳的脚部处理方式是不同的，24式采用的是蹬脚跟。这里体现的不仅仅是处理方法上的不同，更重要的是劲力上的不同。24式弓步时蹬脚跟，脚跟向后移动的同时劲力是向后下方泄去，与弓势相悖；而传统杨式太极拳在前弓之时，后脚以脚跟为轴向内扣脚碾转，有一个助弓的向前上方运出之势，同时腰有可靠之后援。这是二者之间根本上的不同。注意在做这个动作之时，扣转腿的胯膝要松活，这是要点之要。

碾步时应注意的要点是：腰、胯、膝、踝一定要放松。腰胯不转脚万万不可自作主张地先动，腰胯动脚动，腰胯停脚停，脚的碾转不要先于腰的转动。在腰的带动下，脚的碾转恰到好处。碾转时，膝盖不要丢掉脚尖也是至关重要的。在传统杨式太极拳的动作中，所有脚的外摆、内扣等动作都离不开腰的带动，脚不可独自妄动。在碾步过程中，胯动、腰转、膝盖要保持始终正对脚尖。

老一辈武术家们都是在土地上练拳，一趟拳练下来，地上一个个的梅花圈，这就是碾步时留下的脚印。

（五）分清虚实

"太极拳术以分虚实为第一义。如全身皆坐在右腿，则右腿为实，左腿为虚；全身皆坐在左腿，则左腿为实，右腿为虚。虚实能分，而后转动轻灵，毫不费力；如不能分，则迈步重滞，自立不稳，而易为人所牵动。"这是《太极拳术十要》中的第四要"分虚实"。

"两腿宜分虚实，起落犹似猫行"，这是传统杨式太极拳显著的特点之一。太极行功走架要在步法变换的动态中完成技术要点，实现虚实变化、忽隐忽现，人不知我，我独知人，达到以弱胜强。练习杨式太极拳，要在整个拳势套路中走出轻灵的步态，走出步换身随的腾挪气势，这一切都始于松，源于沉，进而由沉生出轻灵。

"松松松，太极功，太极头条要放松。学太极，先学松，不松难得太极功"。熟练掌握了脚踏实地练太极功夫的方法，就初步掌握了放松的方法，长久按此方法练拳即可打通身体通道。从下往上由脚、踝、膝节节松开，随即敛臀、掖胯、松腰、落肩背，松沉到脚下。此谓从下往上松，从上往下放。

松腿是放松身体的先决条件，如果腿没松开，小腿顶着膝，大腿支着胯，胯松不开，腰就松不开，肩也就松不下去。通道不通，劲力则放不下去，就像木桩单摆浮搁，一碰就倒。所以学习放松，首先是打通身体通道，经久练出松沉劲，内劲也就自然产生了，由松产生出沉劲，完成太极拳的下实上虚。劲力徐徐地灌注入地，就像大树扎根于地下，太极功夫越好根扎得越深，重心越不易被牵动。

此时要注意，身体的松沉不是压体重，尤其不能将体重压在膝关节上，这更需要静心感知自己的身体。

从预备式到起势要分出上下的虚实，完成下实上虚，以实带虚开始进入左右虚实的实现。每一式运行终了即是下一式的开始，此刻实中要留有虚地，以利式与式的转换，上下、左右、前后的虚实要合度，无过不及。

（六）气沉丹田

杨澄甫《太极拳术十要》中第十要为"动中求静"。其中有解为"太极拳以静御动，虽动犹静，故练架子愈慢愈好。慢则呼吸深长，气沉丹田，自无血脉偾张之弊"。

气沉丹田，气是什么气？丹田又在哪里？气怎样沉入丹田？这是许多练拳者困惑不解的问题。

首先说说气。中医学认为，人身之气为两种，一种是呼吸之气，另一种是五谷精微之气（亦即营养物质）。呼吸之气入肺，五谷精微之气周流全身。

再说丹田。丹田分上、中、下丹田。习武修炼的气沉丹田指的是下丹田，其位置是人的腹部正中线脐下三寸（即自己的食指、中指和无名指并拢后的第二关节上的横向宽度，古时的寸不等同于现在的寸），也是中医上的关元穴。有人认为下丹田居膀胱之后、直肠之前，还有人认为下丹田在脐下小腹处相当大的一块体积。下丹田是道家练功诱导得气的主要部位，其作用是锻炼体液系统，激发体内的能量物质，以调节、充实体液循环，提高整体代谢机能，从而发挥激能性效应。这对人体充实下元，防止早衰，健身延年起重要作用。

从现代解剖学和生理学的观点看，下丹田所在的部位至今并未发现有特殊的形态和功能。

从人体科学的道理讲，人的腹部有很复杂的肌肉群，包括在腹前壁的腹直肌、腹外斜肌、腹内斜肌、腹横肌和在腹后壁的腰方肌，腹前壁还有腹直肌鞘、白线和腹股沟管。人体在运动时产生对肌肉的牵拉，腹部肌肉伸缩变化，结合逆腹式呼吸，腹部内压有所改变，会让人感到腹部充实有气感。经常进行腹部的这种锻炼，会增强腹壁部位弹性和腹内压对抗能力。

现代运动学观点认为，人体核心部位是最接近身体重心的中间环节（腰—骨盆—髋关节），包括脊柱、骨盆及其周围的肌群。人体核心力量是以稳定人体核心部位、控制身体重心、传递上下肢力量为主要目的的力量能力,是整体发力的主要环节,对上下肢体的协同用力还起着承上启下的枢纽作用,这与我们常讲的丹田部位及丹田的作用相吻合。

从武学家的角度看,丹田被喻为"有象无形",丹田像经络一样实实在在存在于人体之中,却又看不见摸不着。其实人人都能感受到丹田的存在,只是自己浑然不知罢了。例如,深深地咳嗽一下,腹部动力最充实的部位就是丹田所在。

练习太极拳要求气沉丹田,采用的是逆腹式呼吸,即吸气时腹部收缩,肋骨下缘提高,胸部扩展;呼气时腹部放松,胸廓自然下降。有人认为逆腹式呼吸时腹腔容积改变,丹田随拳势的开合而呼吸,产生另外一种物质,这种物质就是内气。行拳走架的一开一合引导内气的升降、鼓荡。内气又是让人说不清道不明的物质,用通俗的方法解释,内气就是体内流动的动力,是贯通周身的能量流,也就是内劲。

但要切记,丹田不是存气的地方,气沉丹田不是在练太极拳架时,要如何让呼吸配合动作使气沉入丹田,而是拳架练习正确了自然而然得到的结果。比如在拳势运行中,每一式运行终了要沉稳,式与式之间的运转要轻灵,久练拳架,在自然而然中,拳势运行至终了需要松身沉稳、下实上虚时必然将气呼出,运转需要轻灵时必然吸气,就像鱼儿在水中游,需要下沉就要将鱼鳔压缩,需要上浮时鱼鳔就要充满空气。经久练习,逆腹式呼吸自然天成,气沉丹田也在不知不觉中得到。

但是在初学太极拳时,要采用自然呼吸,不要有意识地强行向下压气,不要想呼吸怎样去配合拳势的运行,否则,也不知是吸进的气不够用,还是呼出去的气没呼净,造成呼吸局促、胸闷憋气。真正的太极拳高手在发人之时,仍然不受呼吸的限制,且可发在对方一吸一呼之间。

"太极拳之练法,以躯干腹腰为主,推动四肢演成架势,由无形进于有形。按之外家拳,先以四肢为主,推动上下相应之运动,系有形进于无形。"吴志青前辈解释,此乃内家拳与外家拳之区别。

太极拳是内家拳,在内是丹田,丹田一动,命门必动。中医认为,"命门者,精神之所舍,原气之所系,男子以藏精,女子以系胞","命门是生之门,死之户"。练拳有"命门外撑"一说,此说法并不准确。杨式太极拳讲究松腰敛臀,只有当周身合劲时,在丹田的牵动下,命门才随之做相应的外撑动作，不可以命门外撑为主动行为，这样做的结果是本末倒置，另外，如果练拳架时无论开合都将命门外撑，就失去了灵活。

（七）内外相合

太极拳讲究外三合、内三合。外三合是肩与胯合、肘与膝合、手与足合；内三合是心与意合，意与气合、气与力合。《太极拳术十要》中第八要为"内外相合"，这是更进一步的要求。"太极拳所练在神，故云：'神为主帅，身为驱使。'精神能提得起，自然举动轻灵。架子不外虚实开合。所谓开者，不但手足开，心意亦与之俱开，所谓合者，不但手足合，心意亦与之俱合，能内外合为一气，则浑然无间矣"。

太极拳有着特殊的运动方式，即四肢伸缩皆借助于丹田的催动，也就是人体核心部位各部分肌群的牵拉。手向外出是由内动从根节向外达于梢节，由肩而肘而手；手向内收也是根节先动，继而收肘、收手。上肢、下肢是同样道理。（具体练习方法可参见第三章太极功法中的传导一节）

内外相合是练习太极拳的更高境界。丹田是劲力集蓄之地，可聚可散。发力之先周身相合，蓄即在此处，如果外力来袭，转瞬即逝，周身松开，若在对方身形、重心出现缺陷时，即刻发之于无形。胯就是连接下肢与上肢的结合部位。胯也有松紧之说，胯的松活需要腰腿松开，借助地力发人之时，心意一动，丹田主导，腰为主宰，胯与腰同步运动。所以说，在内是心意、丹田，在外是腰胯、四肢，内外相互联系、相互作用，不可分割，"内外合为一气，则浑然无间"。

（八）虚灵顶劲

杨澄甫先师在《太极拳术十要》中提到的第一要即是"虚灵顶劲"。"顶劲者，头容正直，神贯于顶也。不可用力，用力则项强，气血不能流通，须有虚灵自然之意。非有虚灵顶劲，则精神不能提起也。"中心意思有三点：头容正直、不可用力、精神须提起。

怎样做到头容正直？简单的方法是头后枕骨微微向上，下颏自然向内收至恰到好处，脖颈处自然松竖，无强提硬顶之劲。结合身势、肩背的松沉，头部处于中正安舒状态。

王宗岳在《太极拳论》中说："虚领顶劲，气沉丹田，不偏不倚，忽隐忽现。"这里的"虚领顶劲，气沉丹田"透彻地表达了太极拳阴阳虚实变化的精髓，虚领顶劲源于气沉丹田。如果抛开气沉丹田讲虚领顶劲，大都会在如何领、如何顶上下工夫，甚至有人说头上要顶个苹果，苹果是有重量的，顶来顶去，血压也上去了，脖子也僵硬了，使人误入歧途。还有错误地理解为腰以下往下沉，腰以上往上领，搞的初学拳者从腰处把身体拉开，腰处于断开状态，上肢与下肢不接，这样的腰怎能主宰身体自如运动？

虚领顶劲还是虚灵顶劲？王宗岳《太极拳论》中是"虚领顶劲，气沉丹田"，用的是"领"；1925年由中华书局出版的杨澄甫口述、陈微明笔录的《太极拳术十要》中的提法是"虚灵顶劲"，用的是"灵"字，强调的是虚灵自然，不可用力。这里的"顶劲"宜作为名词来理解，"顶"是指人头的最上端部分，"劲"的含义是指精神、神情、状态。

学习太极拳，每个阶段都有不同的要求，初学求的是自然中正。虚领顶劲，在身体未练出松沉劲之前，想显示虚领顶劲就会把劲提上来而松不下去。所以说，虚灵顶劲不可用力上顶，还须遵从自然法则。

《杨氏老谱八法秘诀》中有一句话叫"先实丹田气，次要顶头悬"，这句话明确了二者的关系。"顶头悬"指的就是"虚灵顶劲"，练拳时，内劲向下松落，顶劲自然虚虚向上领起。就如同在水里向下按葫芦，自有一股向上的浮力。所以"虚灵顶劲"不是靠顶、靠提来完成的。虚灵顶劲要接地气，虚灵顶劲与气沉丹田不可割裂开来看待，练拳日久，身体通道畅通，既有向下的松沉劲又有向上的虚灵劲，是同一通道同时存在两个不同方向的力，这些力是根据外力的变化而变化。此时内劲油然而生，在丹田的辅佐下，以腰为主宰，周身协调一致，以不变应万变。

常见一些练拳者，练松、练沉，身势往下压，我们管这叫压体重，只有下没有上，精神提不起来，究其原因是没有正确理解松的根本是什么，走入了误区。如果是在初学太极拳阶段，头部只要保持自然周正，颈部不僵不挺，眼平视前方就可以了，练拳日久，内劲充盈，周身饱满浑厚，得到由松沉产生的虚灵，精神自能提起。"精神须提起"更重要的一层意思是心意上的贯注。

同理，"不偏不倚，忽隐忽现"更是不可忽视，这句话充分体现了太极阴阳虚实变换的法则，也就是虚灵顶劲要随拳势变化而变化，这是由内及外、无过不及的变化，是太极一动无有不动的变化。杨澄甫先师《太极拳体用全书》推手一节中论述道，掤手"黏也非抗也。手向外掤，意欲黏回"，这就是这种双向力的经典要论，四肢百骸皆应如此。

拳修炼到高级阶段已将周身合为一家，顶劲无论是虚领还是虚灵已无分别，虚灵顶劲的真正意义是为了应变，就像太极图阴阳鱼的眼睛，阴鱼里有阳眼，阳鱼里有阴眼，有这点虚灵就可瞬间生出变化，在变化中求得平衡，"放之则弥六合，卷之则退藏于密"。

（九）含胸拔背

练传统套路免不了提到"含胸拔背"，如果没有理解其中的真正含义，就容易被束缚住。练来练去，弓肩驼背，两腋夹紧，手臂伸不出去，究其原因是肩背被人为地锁死不能动了。《太极拳术十要》中的第二要点对含胸拔背的明示为："含胸者，胸略内含，使气沉于丹田也。胸忌挺出，挺出则气拥胸际，上重下轻，脚跟易于浮起。拔背者，气贴于背也，能含胸则自能拔背，能拔背则能力由脊发，所向无敌也。"

含胸拔背是太极拳蓄发两个不同状态的要求，太极状态除了蓄合还应包含发放的状态，这两种状态时时交互变化。我们对太极的认识除了有阴阳两个方面，还必须认识到其动态的变化，在动态的变化中追求阴阳的平衡。天地一大太极，人体一小太极，练拳时只要把握住肩胸不挺不扣，保持自然舒松状态，腋下虚空，手臂自然伸长，随拳势的开合而变化即可。

《太极拳术十要》中第七要是"上下相随"："上下相随者，即太极拳论中所云'其根在脚，发于腿，主宰于腰，形于手指，由脚而腿而腰，总须完整一气'也。手动、腰动、足动、眼神亦随之动，如是方可谓之上下相随，有一不动，即散乱也。"这是很重要的不可忽略的概念，含胸拔背不是单独由胸背的变化做出来的，这是由于丹田的蓄发带动腰椎、胸椎、肩胛的动作完成的。蓄合时腰腿松开，肩胯相合，丹田沉实，胸部含得恰到好处；发放时丹田抖然爆发，脚下生根，内劲顺脊柱而上，拔背而起。如果只是用简单的扣肩弓背动作理解实现含胸拔背则毫无意义,所以这里要分清主从关系和连带关系,协调周身的整体动作,各部位随变化相互合作,紧凑而不僵硬,变动而不妄动。

杨式拳架里的野马分鬃是典型的含胸拔背动作。做野马分鬃动作时两臂分展,意喻奔驰的野马脊背上的鬃毛左右分披。俗话说"拔长容易,拔开难",关键在开合劲上。上步出脚时上身合劲蓄住,此时为含胸;脚落平向前进身时,腰脊为主宰,由下而上节节贯穿,一侧沉腕下採,另一侧转腰拔背以肩臂之力开之。

初学拳架如同走路、做家务活一样,要完全处于放松自然状态,不要拿着劲,形态上要肩不耸、背不驼、胸不挺、头颈自然。久之,内力渐长,周身肌肉松开、骨节松活,身肢放长,动即有开合,含胸拔背功到自然成。

(十)沉肩坠肘

《太极拳术十要》中第五要"沉肩坠肘"。"沉肩者,肩松开下垂也。若不能松垂,两肩端起,则气亦随之而上,全身皆不得力矣。坠肘者,肘往下松坠之意,肘若悬起,则肩不能沉,放人不远,近于外家之断劲矣"。

太极拳的上肢运动无外舒展屈折、伸长缩回,手领着达于要去之处。屈臂是上肢的弯曲动作。在套路里典型的屈臂动作有搂膝拗步、高探马、倒撵猴的后手的动作方式。传统杨式太极拳的屈臂动作不仅仅是外形上手臂的屈折,内里充分体现的是以腰脊的开合带动上肢的收放问题,其中也包含了肩、背部的放松问题。

以丹田与腰脊的开合带动肢体收放,这是太极拳用力方式与常规用力方式上的不同之处。常规情况下,迈步就直接上脚,拿东西就直接动手。而太极拳的运动方式是上步要先由丹田与腰脊催动胯、膝、踝至脚,出手同样是由丹田与腰脊催动肩、肘、腕至手,且收放相同。即无论是出脚、出手还是收脚、收手,运动的传导过程是一样的,向外出是由根节催出,向内收也是由根节拉回,都是由根节传导到梢节。

屈臂动作就是要在上述运动方式下完成,此时上肢在放松伸长的同时,拉开了肩关节的缝隙,肩部松开,屈臂时,上臂不要上抬,肘部向下松垂,仅前臂向内向上折回。

做屈臂动作应与身体的松沉同时进行，只有在身体达到下实上虚的状态，肩背松开了，才能轻松完成屈臂动作。手臂屈好后，腰背上的劲已蓄足，脚下劲力的松沉已完成，由支撑脚下向上返出的力通过腰脊的主宰由背、肩、肘、腕直达向前运动手的掌根。

练拳开始阶段先做到肢体收放就可以了，随着水平的提高，收放时就要注意收与放之间的转换。放时不可放到极限后停顿，有所谓的定式亮相，而要在放到即将到位就已经孕育着收，在收到适当之处就已经暗藏着放。收放中体现出太极生生不息的阴阳变化，久之即可走出轻柔缠绵的内劲，太极拳的"相连不断"的浓厚味道也由此而生。

沉肩坠肘也就是松肩垂肘。在初学阶段，肘与肩有不可分割的联系，肘上抬，肩必起。松柔到高级阶段，练出骨肉分离，肘与肩基本脱离连接，肘不再受制于人。但在发力时，无论如何，肘一定要保持向下松垂，不能向上翻翘，否则力不能完全贯注于前，有一部分力从肘尖分流出去了。

练太极拳要求腋下虚空，上臂不要贴着自己的身体。肘与身体有一个合适的距离，一般在一拳左右。肘离身体近了形成夹腋，肩上的劲放不下去，远了形成架肩、架肘，身势散乱，易被人制。松肩垂肘也是实现松沉身势的一种辅助方法。另外，肘、臂同时还有护肋的功能，在武术格斗中，胸肋部有致命要穴，易受攻击，所以有"肘不贴肋、肘不离肋"一说。初练时可以关注一下肘离身体的距离，练拳日久，身上有了内外合一的松掤劲，这个腋下虚空的分寸就能自如把握了。

（十一）圆活饱满

圆活饱满是传统杨式太极拳的显著特征之一，究其根本源于掤劲。掤乃太极拳八门劲法之一，掤有双手掤，有单手掤。单手掤时（如揽雀尾的左弓步掤），上手掤，下手採按；双手掤时（如揽雀尾的右弓步掤），前手掤，后手助掤。

"掤劲不丢"是练杨式太极拳应该注意的问题，所谓掤劲，不是把劲掤到对方身上，而是松松的，有弹性的掤。就像吹了气的气球四面八方都有一股向外张出的感觉，如用手指触及球壁，表面上向内凹陷，实际上有向外的弹性。掤是松掤，意在试探，随曲就伸，而非用力外撑。

杨式太极拳特有的"抄抱"动作，也是充分体现掤劲的典型动作之一。"抄抱"动作一种是一侧手臂由外向下、向内旋臂裹合抄抱，同时另一侧手臂由外向上、向内合抱的动作过程，如野马分鬃在上步时上手合抱、下手的抄抱动作；还有一种是双手同时由外向下向内的抄抱动作，如蹬脚、分脚独立前的抄抱；也有单手的抄抱动作，如云手时的下手抄抱动作等。

练好抄抱这一动作，并使之贯穿于整个套路中，不仅可以体现出浓郁的杨式拳圆活饱满、沉稳浑厚的韵味，更可以此体现出杨式太极开中寓合、合中寓开，左右呼应，上下相随，处处有掤劲的特点。

练习"抄抱"动作须要注意打开肩胸，腋下虚空，两臂舒松，肘不出尖。有了掤的感觉，抄抱动作事半功倍。要想打开肩胸，必须要能松肩，能松肩胛骨，进而胸、背都能松活，一动周身无有不动。开始练习打开肩胸，两臂如绳一样挂在肩上，逐渐两臂这根绳系在背部的脊柱上，只要腰脊一动，即可带动两臂节节贯穿地实现腰脊的开合带动手臂的开合，也就是说，脊柱与背部也当作是臂的一部分参与运动，这样胸背就活了，避免了"大板腰"，再后来这根绳越系越低，丹田一动，内劲就达于手上，没有了传导过程。这是太极拳特有的力的传导方式，务必细细体会。两臂展出如同被云托起一般，抄抱时，向下向内运行的手臂，边外旋边向异侧运转，向上向内运行的手臂，边内旋边向异侧运转，两手掤圆，似抱非抱。可以参照本书第三章太极功法热身功中的绕上臂、转肩轴、拉肩胛、活肩胯几节作为辅助练习。

圆活饱满也要适度，掤要松掤，掤劲如同充气的气球，气不足叫瘪，气太足就爆了。也就是说，当遇到外力时，自身产生的含胸拔背的反应，外力越足，蓄劲越大，外力撤掉后又恢复原样。掤就是这样的松弹劲。掤不要将力掤到对方身上，即不要和对方顶劲，所以掤要饱满，既不可瘪，又不可僵硬。掤手向外，意欲粘回，如同放风筝，风筝向外飞，手里牵拉的线不丢。初练时肘爱出尖，劲是直来直去。渐渐地要能感觉到自己的肘是会弯曲的，两臂掤圆，丢掉肩、丢掉肘，随转体走出饱满的弧形。

（十二）用意不用力

《太极拳术十要》第六要是"用意不用力"。"太极拳论云：此全是用意不用力。练太极拳全身松开，不使有分毫之拙劲，以留滞于筋骨血脉之间以自缚束。然后能轻灵变化，圆转自如。或疑不用力何以能长力？盖人身之有经络，如地之有沟洫，沟洫不塞而水行，经络不闭则气通。如浑身僵劲满经络，气血停滞，转动不灵，牵一发而全身动矣。若不用力而用意，意之所至，气即至焉。如是气血流注，日日贯输，周流全身，无时停滞。久久练习，则得真正内劲，即太极拳论中所云'极柔软，然后极坚刚'也。太极拳功夫纯熟之人，臂膊如绵裹铁，分量极沉；练外家拳者，用力则显有力，不用力时，则甚轻浮。可见其力乃外劲浮面之劲也。不用意而用力，最易引动，不足尚也"。

以上这段话比较长，仔细分析一下，主要讲了三个内容，一是"全身松开，不使有分毫拙劲"，二是"牵一发而动全身"，三是"得真正内劲"。同时在第九要"相连不断"中也提到了"用意不用力"的问题，所以说太极拳的"用意不用力"，不仅仅是用不用力和不用拙力这么简单的问题，必须具备全身松开、一动无有不动和内劲在体内畅行的三个要素。

用意不用力是练习太极拳的基本要求，"练太极拳就要出太极功夫"这是师父方宁先生常说的一句话。重要的是放松身体，打通身体通道，松活各大小关节，与对手有了接触的瞬间，直接将劲力引到对侧脚下，其间没有传导过程，松得越好，动作完成的速度越快。

身上松活了就要掌握劲力的传导。上下的呼应，左右的呼应，前后的呼应，对侧的呼应。既然是呼应，肢体就像说话聊天一样，有问有答，动一侧而另一侧没有反应，这叫半身不遂。练拳时不要将劲走老了，不知分寸地将劲力运到头。强弩之末已无优势可言，而此时后方空虚，无人值守，失去中正，易为人所乘。更进一步的是，周身要虚实合度，守住自己的中，无过不及。

松的方法练对了就能练出沉劲，能接上地力反出有弹性的内劲来。内劲在体内就像水的流动一样畅通无阻，且在丹田和腰脊的主宰下，周身节节贯穿。一旦对方出现动作缺陷，马上就能做出反应，从中取胜。

用意不用力也是推手练习时的基本要求，上述三要素具备了，推手时顺势而为，对方想进帮他进，对方想退帮他退。如同革命战争时期朱德总司令提出来的"敌进我退，敌驻我扰，敌疲我打，敌退我追"十六字战略战术方针一样，"舍己从人"，以小力胜大力，以柔弱胜刚强。

一人练拳，总觉得自己放松得很好，动作规范，但是当外力加在自己身上时就失去了潇洒,人摸哪里哪里就紧,一遇来力就想使劲,这是人本身后天生成的自然反应。不练习太极推手,拳架永远处于模仿阶段,必须经过长期推手与拳架的磨炼,去掉后天生成的这种生理反应,返回先天状态,这要在长期推手磨合中静心体悟。

用意不是用自己的主观意识想好了要怎样做,而是太极功夫上身后的舍己从人,只有舍己才能从人,意念要跟着对方走,感受对方想干什么,对方出招我接招,在动态中保持自己的虚实合度和与对方的虚实合度,一旦对方丢扁顶抗,立即出手打顺。徐长洪师父讲:"手指永远扣在扳机上,机会一来,就搂火。"太极推手不离粘连贴随,舍己从人既要避免主观上的生打愣要,又要知道取舍,同时要守护好自己的根本,根本丢失了就是逃跑和败退。

(十三)动中求静

杨澄甫《太极拳术》十要中的第十要点是"动中求静":"外家拳术,以跳踯为能,用尽气力,故练习之后,无不喘气者。太极拳以静御动,虽动犹静,故练架子愈慢愈好。"

老子《道德经》中教诲"致虚极,守静笃",静心是打通身体通道的关键,心不静则体不松,只有心静下来,周身骨骼、肌肉才能松开。清代李亦畬《五字诀》中明确写道:"一曰心静、二曰身灵、三曰气敛、四曰劲整、五曰神聚。"心静放在了第一位。

静心练拳是第一位的。人体在正常情况下,交感和副交感神经功能相反,处于相互平衡制约中。在这两个神经系统中,当一方起正作用时,另一方则起副作用,很好地平衡协调和控制身体的生理活动,这便是植物神经的功能。

当人剧烈运动或处于不良环境时,交感神经兴奋,加快心率,加快呼吸,升高血压,新陈代谢亢进,以适应这些活动的需要;当人处在入静状态时,交感神经受到抑制,副交感神经开始兴奋,使得血压下降、心跳速率减慢、肌肉松弛、血管舒张,有利于营养物质的消化吸收和能量的补充,营养和氧气得以顺利输送到细胞,有利于保护机体。

交感神经的功能是保证人体在应激状态时的生理需要,副交感神经的功能保证人体能量和机体的生理平衡,维持内环境的相对稳定,有利于保护机体。

白天是交感神经兴奋，晚上睡后是副交感神经兴奋。太极拳运动是要有意识的静下心来，放弃自主的思想意识，使副交感神经兴奋起来，其末梢产生的一氧化氮分子渗透出细胞膜，作用于血管周围的平滑肌细胞，使其松弛，微血管扩大，血管扩张，血液畅行于全身，给予各组织所需要之营养。

在练功入静的过程中，周身骨骼肌易于放松，全身随意肌松弛程度增大，血氧含量增高。近几年来，科学家发现在生物体内存在少量一氧化氮，它有扩张血管和增强记忆力的功能。练太极拳，一动无有不动，随曲就伸，不丢不顶，动作不是靠想出来再做出反应，而是靠身体自然的应对。这种自然的应对是勤学苦练、去僵化柔、身体内部发生质的改变由后天返先天所为，所以又有皮肤的记忆和骨骼的记忆之说。有人管这种现象叫"心脑不接"，用科学道理解释，原因是由于心静致使人的大脑皮质和交感神经为代表的高层次功能的活动降低，副交感神经低层次功能活动增强产生的结果。

科学实验已经证明，在正常情况下，以大脑皮质和交感神经为代表的高层次功能对低层次功能的副交感神经有抑制和干扰作用，而解除此抑制和干扰作用的方法，就是放松和入静。

练习太极拳架"神宜内敛"。不是为展示给别人看，类似戏剧舞台亮相般的神气活现又目光炯炯有神，处处提着劲。而是收敛心意，神态含蓄自然却又莫测难辨，从容不迫，动静相宜。

三、太极拳不同学习阶段的侧重点

杨澄甫先师云："太极拳能养生，不能制敌，文功也；能制敌，不能养生，武功也；真太极，既能养生，又能制敌，修养使用兼全，为文武完全太极。"练太极拳文武兼备，是每个学太极拳人的追求。

太极功夫不是一蹴而就，要一步一个脚印，一步一个台阶。先从筑基开始，每上一个台阶都能看到不同的风景。传统太极拳有严格的训练体系，从松柔入手学习拳架，渐渐地能按照杨式太极拳的风格特点打出圆活饱满的劲力，动态中无过不及，周身上下节节贯穿，相随呼应，最后"由着熟而渐悟懂劲，由懂劲而阶及神明"，由知己到知彼，在变化中求阴阳平衡和谐。用十个字表示为"松柔、圆活、守中、合度、知变"。虽然学习分阶段,每个阶段有侧重,每个阶段又互相联系而不脱节。崔毅士先生传拳,严格按照杨家祖训"学规矩、守规矩、脱规矩、合规矩",这也叫懂规矩而不盲从。

太极拳历经数代传承和几百年历史变革,形成了多个流派,同一流派的拳架套路在不同时期的传承也不尽相同。但是无论怎样,万变不离其宗,只要练的是太极拳就离不开王宗岳的《太极拳论》为指导思想,离不开以太极学说为理论基础,以静制动、以柔克刚、顺势借力、以弱胜强。

太极拳的学习过程,不同层次看到的都是不同的东西。笔者在广州向方宁师父学拳,师父告诉师兄们,只要我问到的都要毫无保留地告诉我。师兄们说,师父为我打开了百宝箱,任由我随便挑。自己感到很骄傲,师父认可我、信任我、器重我。几年后我才体会到,尽管好东西都摆在我面前,没练到那个层次,我看不见百宝箱里更珍贵的东西。

前辈总结:练太极拳有三层之意思。初层练习,身体如在水中,两足踏地,周身与手足动作如有水之阻力。第二层练习,身体手足动作如在水中而两足已浮起不着地,如长泅者浮游其间,皆自如也。第三层练习,身体愈轻灵,两足如在水面上行,到此时之景况,心中战战兢兢,如临深渊,如履薄冰,心中不敢有一毫放肆之意。神气稍为一散乱,即恐身体沉下也。拳经云:"神气四肢,总要完整,一有不整,身必散乱,必至偏倚,而不能有灵活之妙用。"练太极拳就要达到"灵活之妙用"。

第一阶段

学习太极拳的第一阶段是初级阶段,也是练形的阶段,熟练太极拳架的阶段。要按照动作的规格标准学习太极拳套路,在套路学习的过程中练习基本功,提升对自己身体各部位的认知程度,能自主控制身体动态。

"先看一步走,再看一出手",对于初学者,首先要注意出脚上步的方向,两脚之间的相对位置;脚上对了,还要规范步型,弓步、虚步、马步,达到步型的标准;然后就是步法,如何在运动中完成步型的转换。

脚下稳当了,再注意规范上肢动作。臂的屈直、伸缩,手的运行路线,手与身体的相对位置、距离的远近,都要搞明白,还要注意腰转动的方向,面部的朝向。上肢动作可以不动步练习，熟练了与下肢合在一起练。

进一步就需要学习从上一式到下一式转换运行的路线，到位后的身体的朝向、手位置的高低、眼看出的方向。

在这个阶段要注重太极拳基本功的练习，内容包括前进步、后退步、平行步，还要注重拳架中各种腿功的练习。

第一阶段要练抻筋拔骨的功夫，筋长一寸力长十分，骨节松开，节节贯穿。肩、肘、腕、胯、膝、踝关节的松活是重点，上肢的开展和收回不得用力，曲中求直，随屈就伸。下肢要与地面接触，承载全身重量，脚心涌泉穴与大地接吻。腰、脊关节要拉开，每一节都要松活，尾闾中正，不可突臀扭胯。具体练习方法可参见第三章太极功法中热身功。

这一阶段的练习，心态平和，情绪愈发稳定，减低由于工作压力、生活压力带来的各种不适状态，消除抑郁、焦虑等心理因素，提高自信心，身体健康水平不断提升。

第二阶段

第二阶段要练出松沉劲，气沉丹田，虚灵顶劲，明身势、身法之理。身体分出上下虚实和左右虚实，四肢上下左右相互呼应协调。由松而沉，虚实显现，劲松落脚下，劲积蓄丹田，体内通道畅通，内劲充盈。动作流畅、步法轻灵，神情专注，举手投足要有攻防意识。

练拳每出掌坐腕时，要能抻拔到指尖，虽取坐腕之势，但整条臂膀均不得有力。行拳气达四肢，上、下肢均练出掤劲，举手投足间充分体现太极拳的用力方式，圆活饱满、沉稳浑厚，行云流水，绵绵不断。具体练习方法可参见第三章太极功法中热身功第四、五、六节。

在这一阶段要介入推手的学习，学习听劲的功夫。定步推手（平圆、开合手、合步四正手）、活步推手（活步四正手、顺步四正手、连环步四正手）、大捋练习娴熟，由定步而活步，听劲灵敏，收放自如，能很好地把控自己身体的动态。

进一步还要学习拳架与推手的结合，盘拳架时要有攻防意识，推手时要感觉是在与对手练拳，经久习练，功到自然成。

此阶段渐将太极生活化，行走坐卧无处不太极，自尊自信，接人待物日臻完善，人际关系和谐。

第三阶段

第三阶段推手由定步而活步，进一步深入练习听劲、懂劲的功夫，达阶级神明。杨露禅宗师明言："搭了手才知，为听劲；将搭手已知，为懂劲。"由听劲灵敏到懂劲乃至神明是一个漫长的潜心习练的过程。练懂劲的同时，还要练周身一体，上下传导，左右呼应，才能达随心所欲。

太极拳练至这个阶段，如果听劲不灵，反应就达不到迅捷。盲人听劲灵敏，用的不是眼睛，用的是心。太极听劲除了用心，还要用肌肤的感应。"一羽不能加，蝇虫不能落。"肌肤的敏感反应透入骨髓，牵一发而动全身。懂劲后，无招无式，无形无象，用李雅轩先生的话说："杨家拳是无形的东西，是神气意思上的功夫，也是玲珑透体的功夫，这才是最上乘。"

此阶段练拳架筋致柔，弹力生。虚实的变化在内而不在外，劲由内换不留痕迹，行云流水，连绵不断，形随意动，步随身换。推手时柔中寓刚，以意领先，粘连相随，无过不及，游刃有余，达到人不知我，我独知人的境地。

太极拳的高级境界是神明。杨澄甫先师云："太极拳皆是圆圈组成，全体无招架，无招式之拳术。只是立圆、平圆、斜圆，无数手足腰之圆圈，在旋转至登峰造极时，会令敌人无法进入，形容稍夸张是泼水不入，感觉练至敏锐处，敌人心意一动，即被抛出。是为神明。"由此可见，达此境界形意气神相合，体内内气运转，乱环丛生，功臻化境。心静体松，性情平和，功深至此却深藏不露。达此功夫者凤毛麟角。

太极拳传承至今已有二百多年的历史，经历了时代的大变迁，环境造人、时世造人，离开了那个环境，现代太极拳已经发生了重大变化，有作为全民健身的广场太极拳，有用于竞技比赛的展示太极拳，有执着于传统功法、技法研究的传承太极拳。

在传统太极拳的传承上出现了诸多流派，动作上有了不同的特色，理念上也存在不同的关注点，无论如何变化，太极拳越接近高层次，练出来的东西越相接近。

太极拳的学习和训练是循序渐进的，不可能一蹴而就。每个人心中都有自己的太极，由于年龄、性别、职业、文化程度、兴趣爱好的不同，各阶段的学习都有不同的学习体验和感受，每一个人的感受又各不相同。前人留下的拳架影像资料很少，技法和功法方面流传的更是少之又少，更多的是口传心授的教学方式，很多老拳师择徒传授，如果没有合适的苗子，宁可将艰辛得到的真功夫烂在肚子里，使得传统太极拳的深入学习困难重重。学习太极拳又如同盲人摸象，只有全面地摸索到象的全貌，才能正确理解和掌握太极拳的完整内容。

在太极拳的传承中，师承是不可或缺的，没有师承，仅凭看书、看光碟自学太极拳是成不了材的。师父不仅要具备拳技、人品，还要负起对徒弟答疑解惑的责任，尤其是在传教过程中要口传心授，正确施教，一步步从拳技、修养上引导徒弟步入太极正途。

第三章　太极功法

　　太极拳是阴阳、开合、松紧、蓄发……太极功法必然包含着这些方面的练习。肩胯的松活、腰弓的弹性、身体的松沉，周身的合度，还包括腿功、桩功等各种练习。练松就要松柔松透，松而不懈，柔软若无骨；练紧就要稳固坚刚，紧而不僵，绵里藏针；周身要有弹性，要协调圆活自如。运用时的松紧变化忽隐忽现，随曲就伸、随心所欲。

　　"练拳不练功，到老一场空"，中国功夫就是花了些时间，长了些本事。笔者的师父方宁先生一再强调，"学习太极拳就要出太极功夫"，检验是否是太极功夫的标准就是王宗岳先生的《太极拳论》。

　　太极门派各家有各家的练习方法，种类繁多，本章所述仅是简单的几种，这些练习方法可合练，也可抽出单练，可在练习拳架前练，也可在拳架练习之后进行。

　　科学合理地训练、循序渐进地增长功夫是学好拳架的基础，盲目躁动会适得其反，无益于健康。年龄、性别、性格、文化程度、兴趣爱好不同，个人选择的学习内容和目的也不同，不可强求一致。无论练什么、怎样练，首先是以健康为目的，适合自己的就是最好的。

一、热身功

（一）绕上臂

【预备式】右脚向右前迈出一步，重心在左腿；右臂垂在体侧，手指自然放松；左手手背贴在左后腰眼上。身体放松，头颈自然正直，目视前方。（图354）

【动作1】向前移动重心成右弓步，随即，右手外旋向前、向上伸举。（图355、图356）

图354

图355 　　　　图356

【动作2】身势右转，右臂内旋，向后、向下绕环，重心保持在前。（图357、图358）

【动作3】重心移向后腿，随即，身体左转，右手臂外旋向下划弧，垂落在体侧，与预备姿势相同。（图359、图360）

重复动作1至动作3，反复练习10遍。

图357

图358

图359

图360

【反向动作】

【换向】当运行至图361右弓步时，右手翻转成手心向下。（图361、图362）

【反向动作1】右臂向下垂落在体侧，身势右转，右臂外旋，向后绕环。（图363、图364）

图361

图362

图363

图364

【反向动作2】重心后移，随即身势左转，右手向上划弧上举。（图365、图366）

图365　　图366

【反向动作3】重心前移成右弓步，右手向前下落，掌心向下。（图367）

重复反向动作1至反向动作3，反复练习10遍。

【绕上臂】动作要点

（1）注意"先移重心，后转体"，转体动作要在弓步或后坐步时转动，即不要边移边转。

（2）此动练习时，手臂要伸直，以肩为轴，手臂上举绕环旋转，臂尽量绕大环。除了抻拉肩部的肌腱、大筋，练肩轴转动的灵活性，还要注意手臂上举时保持舒松，将肋部拉开。更要注意边举臂转体边将内劲松到脚下，完成下实上虚的太极状态的要求。

图367

（3）常练此功，可以疏通手三阴、手三阳经络，对防治肩周炎、骨质增生等肩部疾患有疗效。

（二）转肩轴

【预备式】两脚平行开立，身体自然正直站立，两臂垂于体侧。（图368）

【动作1】两肩向前扣合。（图369）

图368 　　　图369

【动作2】两肩由前向上提。（图370）

【动作3】两肩向后打开。（图371）

图370　　　图371

【动作4】两肩向下恢复预备式状态。（图372）

重复动作1至动作4，反复练习10遍。

【反向动作】与前述相反，动作顺序为后开、上提、前绕、下放。重复做10遍。

【转肩轴】动作要点

（1）太极拳对肩背的松活有极高的要求，而多数人往往觉得肩背是最难松的，转肩轴练的不仅仅是肩部的转动，还包括了开胸、含胸的胸背部肌肉群的拉伸，以及对心肌、呼吸方面的锻炼。

（2）在做这个动作中，身形要保持中正，速度宜慢。

（3）无论正反方向，肩部上提时吸气，肩部下放时呼气，呼和吸要深长。

（4）做由前向上提、后绕、往下放的动作，两肩向两侧打开，两手在背后拉住，伸直两臂，颈部靠向衣领，百会上领，手向后、向下拉住保持几分钟，然后松开手，使肩背恢复自然状态。这样长久练习可改善过分扣肩含胸、驼背和向前探头的现象。（图373）

（5）做向上提、向前绕动作时，可以提起脚跟，在向下放时，随着脚跟落地，沉肩加速下放的动作，要与前边的慢练分开练习，用以练习肩部筋骨的松弹。

图372

图373

（三）拉肩胛

【预备式】两脚平行开立，两臂上举，两掌心斜朝上。（图374）

图374

【动作1】松开左臂，右手直臂向上托举。（图375）

图375

【动作2】松开右臂，左手直臂向上托举。（图376）

重复动作1、动作2，反复练习20遍。

图376

【拉肩胛】动作要点

（1）松肩、松背最要紧的是肩胛骨的松开，练习太极拳要将周身各关节、肌肉都要松活，用时能听从调动。注意在练习拉肩胛，一侧伸臂向上托举，另一侧放松，可以仰头用余光关注两手，但是身体不要随着两臂交替动作而左右歪斜。还要注意头颈不要帮忙用力，产生向前探的现象。

（2）左右向上托举时，两臂不要各忙各的，要注意相互关联呼应，注意两臂之间通过两肩劲力相互传导的感觉。

（四）摩肩活胯

【预备式】两脚开步站立，两脚外侧缘间距与肩同宽，两臂自然垂落于体侧。（图377）

图377

图378

【动作1】膝微屈，同时向左转体90°，随即重心移到左腿，两臂自然下垂，左手置于左胯后侧，掌心朝外，右手置于右胯前，掌心向内。头颈正直，目视前方。（图378、图379）

图379

【动作2】左手在身后向下引带，左肩向下，右肩向上，由右肩带动右臂屈肘在身前向上提起，手似提物，身势右转，带动胯和踝关节同时转动；右手随转体运行至右胯后侧，屈臂掌心向外；左手前移到左胯前，臂松垂，掌心朝内。（图380、图381）

图380

图381

图382

【动作3】重心移到右腿；两臂位置不变。（图382）

【动作4】右手在身后向下引带，右肩向下，左肩向上，由左肩带动左臂屈肘在身前向上提起，手似提物，身势左转，带动胯和踝关节同时转动；左手随转体运行至左胯后侧，屈臂掌心向外；右手前移到右胯前，臂松垂，掌心朝内。（图383、图384）

图383

图384

【动作5】重心移到右腿；两臂位置不变。（图385）

重复动作2至动作5，反复练习10遍。

图385

【反向动作】

【反向动作1】由图383动作开始，重心移到右腿，两臂自然下垂，左手置于左胯后侧，掌心朝外，右手置于右胯前，掌心向内。头颈正直，目视前方。（图386）

图386

【反向动作2】右手在身前向下引带，右肩向下，左肩向上，由左肩带动左臂屈肘在身后向上提起，手似提物，身势右转，带动胯和踝关节同时转动；右手随转体运行至右胯后侧，屈臂掌心向外；左手前移到左胯前，臂松垂，掌心朝内。（图387、图388）

图387

图388

【反向动作3】重心移到左腿;两臂位置不变。(图389)

图389

【反向动作4】左手在身前向下引带,左肩向下,右肩向上,由右肩带动右臂屈肘在身前向上提起,手似提物,身势左转,带动胯和踝关节同时转动;左手随转体运行至左胯后侧,屈臂掌心向外;右手前移到右胯前,臂松垂,掌心朝内。(图390、图391)

重复反向动作1至反向动作4,反复练习10遍。

图390 　　　　图391

【摩肩活胯】动作要点

（1）摩肩活胯包括练活肩、肘、腕、胯、膝、踝各个关节，俗称身上安轮、通关，肩、胯为四大轮，肘、腕、膝、踝为八小轮。练功时注意保持头、颈、脊柱中正，目视前方，肩、肘、腕、胯、膝、踝各关节转动时要相互关联。但是要注意膝关节是弯曲关节，不可随意扭转，尤其要注意做转动动作时膝要对正脚尖方向，不要将力扭在膝关节上。

（2）先移重心后转体，重心左右移动，将劲力松落在脚下，在实腿上做转体动作，体重不要压实在实腿上，实腿要稳定、虚腿松活。

（3）呼吸保持自然。

（4）做正向动作2时，前手上提，后手下放，此为两臂之间的传导，提和放的动作要在肩的转动中协调、合度，不可各动各的。同时无论重心在哪一侧，实腿要稳定，要有弹性，随转体，提的一侧胯要松活，向上向后绕，左右移动，胯走"∞"字，反之亦然。

（5）长练此功可外通"六关"（即肩、肘、腕、胯、膝、踝），内练五脏——又叫练"内五行"（即心、肝、脾、肺、肾），可促进气血流通，对关节痹痛、腰背酸痛有防治作用。通过腰部及各大关节的转动，各内脏器官也得到有节奏地牵动和按摩。

（五）开胯

开胯动作的练习方法：立身中正，一开一合。

【预备式】左腿独立，右腿提膝，小腿自然下垂；右手勾抱住右小腿近膝处，左手自然收合在身前。（图392）

图392

【动作】一开一合。开时左支撑腿要固定住，右手抱右腿往右打开，左手顺开势往左开；合时要松开全身，右腿不能使劲，小腿要松垂，恢复到预备式状态。（图393、图394）

图393

图394

重复练习开胯动作5～10遍，左右侧都要练。

【开胯】动作要点

（1）初练时站立不稳，可以一手扶着墙、树等物体，渐渐独立稳定，放开支撑物。合是周身放松，但不能懈；开时肩背都要抻拉开，同时带动抻拉胯根处的大筋。

（2）独立抱膝开胯的动作仅仅是练习开胯的方法之一，通过坐盘也可以练习开胯，同时可以改善胯部、腿部、膝、踝等关节的柔韧性，可以缓解膝关节不适的状态，增加胸腔和脑部的血液循环。

(六)练腰弓

俗话说"八卦步、太极腰",练太极拳要以腰为主宰。身备五弓,腰弓是其中之一。

【预备式】两脚分开站立,屈膝,脚尖朝前成马步,两脚内侧中间距离约两脚长。两手掌心分别扶在两膝上,肘向外开。上身前俯。(图395)

图395

【动作1】松身塌腰,臀部向上翘起,头抬起,眼向前平视。(图396)

图396

【动作2】收肛敛臀,腰部向外弓起,下颌内收,百会与会阴相通。(图397)

图397

重复动作1、动作2,5~7遍。重点在用臀部的上翘和收敛带动腰的塌下和弓出。

【练腰弓】动作要点

(1)脊柱是构成人体躯干的中轴和支柱,具负重功能,可前后屈伸、左右侧弯和左右扭转。腰椎和颈椎较胸椎活动性大。腰弓为身躯之弓,经常练习腰弓,可增加脊柱运动幅度,同时牵拉脏腑,增强气血运行,提高身体免疫力。

(2)注意两个"度"。一个是练习时的力度,另一个是练习时间的长度。初练时力度要轻,数量不要多,随着练习日久后可适量增加力度和数量。过度练习有害而无益,适度适量的练习可以松活腰脊,充分锻炼腰背肌肉,加强腰肌的力量,腰部周围的肌肉、筋腱可加粗加壮,可强有力地保护腰部在运动时不受伤害,同时有健肾的功效。

(3)练习一段时间以后,做动作1时,要打开胸腔,自然让气吸入;做动作2时,要提肛、收会阴,同时用百会找会阴,自然将气呼出。

（七）转换虚实

【预备式】右脚向前跨出一步，重心在左腿。同时，左手背在身后，外劳宫对着左腰眼；右手自然下垂在体侧。（图398）

图398

图399

【动作1】身势左转，重心前移成右弓步，同时，右手掌心朝下松腕展指，经左腹前向左前方划平圆，高与腰平；左手背在身后位置不变。（图399）

【动作2】身势右转,重心后移成后坐步,同时右手掌心朝下经右前方向后划平圆带到右胯侧。(图400、图401)

【动作3】身势左转,重心前移成右弓步,同时,右手掌心朝下松腕展指,经左腹前向左向前顺时针划平圆,高与腰平;左手背在身后位置不变。(图402、图403)

重复动作2、动作3,反复练习10遍。

图400 　　　　　　　　图401

图402 　　　　　　　　图403

【反向动作】

【反向预备式】右脚向前跨出一步,重心在左腿。同时,左手置于左腹前,掌心朝内,指尖向右;右手自然下垂在体侧。(图404)

【反向动作1】重心前移成右弓步。同时,右手掌心斜朝内松腕展指,从体侧向前划弧,高与腹平;左手掌心朝内,在腹前位置不变。(图405)

图404　　　　　　　　图405

【反向动作2】身势左转,重心渐渐后移,左手外旋,手心朝上,右手由前向左划弧,手心渐渐翻转朝下置于左手手心上。(图406、图407)

图406　　　　　　　　图407

【反向动作3】身势右转；右手渐渐外旋，手心斜向内置于右腹前；左手内旋置于左腹前，掌心向内。（图408）

重复反向动作1至反向动作3，反复练习10遍。

图408

右脚在前的动作做完后，换左脚在前，左手划圆弧的正反向动作，与前述动作相同，左右相反。

【转换虚实】动作要点

（1）身体放松，底盘稳实，上身松活。

（2）重心前后移动时要将内劲松落到实腿脚下，全由脚下发动，腰胯带动。转体动作要在实腿上完成。随重心的移动和身体的转动，脚下劲力在脚趾、脚跟、脚的内外缘移动。

（3）手臂要放松，手上动作可大可小，以手划大圆时要平稳，手的高度可与腹平，也可与腰平；也可以将手丢掉，以练下盘虚实为主。

（4）练习本功有启动带脉、平肝顺气和平衡阴阳的功效。

（八）左右传导

【定步练习】

【预备式】两脚与肩同宽，脚尖朝前。两臂平举，掌心相对。（图409）

【动作1】左手平行向前伸出，右手屈臂回收。（图410）

图409

图410

【动作2】右手平行向前伸出，左手屈臂回收。（图411）

重复动作1、动作2，反复练习20遍。

图411

【动步练习】

【预备式】两脚与肩同宽，脚尖朝前。两臂平举，掌心相对。（图412）

【动作3】左脚上步，重心前移，身势右转，右脚跟渐渐向上提起。同时，左手臂前伸，拇指向上；右臂屈回，右手置于左上臂内侧，手心向左。（图413）

图412

图413

【动作4】右脚上步，重心前移，身势左转，左脚跟渐渐向上提起。同时，右手臂前伸，拇指向上，左臂屈回；左手置于右上臂内侧，手心向右。（图414）

图414

重复动作3、动作4，反复练习20遍。

【左右传导】动作要点

左右传导是太极拳特有的运动方式，练习传导动作实质上是要达到身体上下左右前后的协调一致，一动无有不动；身体周身相合，上下虚实的变化，左右的呼应。仅上肢而言，一侧手伸出时，另一侧的手要收回，且在出和收之间要相互联系，出多少就要收多少，不能各自妄动。所有出和收的动作离不开腿脚、腰胯、肩背、手臂的协调，更重要的是离不开心意和丹田的引领（可参考阅读第二章传统技法第二节基本技术要领中的内外相合）。

（九）拍打松身

【预备式】两脚平行站立，脚尖朝前，脚外侧与肩同宽，两臂自然垂在体侧，周身放松。（图415）

图415

【动作1】身体向左右转动，两臂放松，自然摆动，随转体，两掌一前一后轮流拍打腹部和后腰眼处；前手掌心向内，后手掌心向外。（图416、图417）

图416

图417

【动作2】身体向左右转动；两臂放松，自然摆动，随转体，两掌一前一后轮流拍打肋部和后腰部；前手掌心向内，后手掌心向外。（图418、图419）

图418

图419

【动作3】身体向左右转动；两臂放松，自然摆动，随转体，两掌一前一后轮流拍打前胸部和后腰处；前手掌心向内，后手掌心向外。（图420、图421）

反复拍打腹、肋、胸若干遍。

图420

图421

【拍打松身】动作要点

（1）以脚为根基，松开周身，转动两胯，带动两肩；两臂松松挂在肩上。向左右自然摆动，前手拍打腹部、肋部或胸部，后手从腰眼处逐渐随前手位置的高度变化而变化。前手掌心向内，后手掌心向外。

（2）此功法练习全身各关节部位的放松，放松就是要放下周身肌肉的紧张力，还要注意转体拍打时的协调，不要有自己手臂的主动动作，要以转胯带动。

（3）拍打力度要适中，可由弱渐强。经常拍打身体可以疏通经络，振荡脉气，加强血液循环，从而提高人体免疫功能。

二、腿功

太极拳"其根在脚，发于腿，主宰于腰，形于手指"，腿是全身的根基。杨式太极拳对腿功的要求比较高。由杨澄甫先师定型的杨式108大架套路中，包括蹬脚、分脚、金鸡独立、十字摆莲脚和双摆莲脚，共11次独立起腿。腿功是要拿出来单独练习的。常年坚持练习可以增强腿的柔韧性、灵活性，以及由内力带出的速度，达到收发自如。

以前讲起练拳架，很少提到杨式太极拳的腿功练习。有些是不注重腿功练习，有些是不了解腿功练习方法，一起腿就摇摇晃晃站立不稳。太极拳的腿功练习相当重要，蹬脚、分脚动作是看得见的起腿动作，看不见的起腿动作如退步跨虎、白鹤亮翅、玉女穿梭等，都隐含着脚下点、踢、蹬、踹的动作。独立起腿是否松沉有佳、是否虚实得当、是否立身中正，腿功的练习必不可少。

练习太极拳的腿功首先要从基本功练起。腿功讲究压、耗、遛、悬。

（一）压腿

压腿有正压腿、侧压腿、十字压腿，压腿还分高压、中压和低压。

1. 正压腿

一腿独立，脚尖朝前，另一腿提起，脚跟放在适当高度的物体上，基本在腰的高度上，腿尖上翘回勾，两臂屈肘，手按在膝盖处，将身体放松前俯下压，胯根向后回抽，用腹部贴大腿，胸部贴小腿，脊椎骨一节节拉长，用下颌去够脚尖（也可用同侧或异侧肘尖去够脚尖），然后还原。左右两腿交替练习。

低压是支撑腿屈膝全蹲，将另一腿脚跟着地压，高压是将脚放在肩以上的高度压。

2. 侧压

侧身压以耳找脚尖。

3. 坐压

双脚与肩宽平行开立，屈膝下蹲（肢体放松，下蹲时膝不过足尖），大腿贴在小腿上，上体保持正直。

4. 扳腿

一腿独立一腿屈膝上提，同侧的手环抱住小腿，另一手握脚上扳，将大腿面贴住胸部。

注意：压腿时要注意节奏和腿的弹性，力度过强容易把腿压伤，力度过弱起不到作用。

（二）耗腿

耗是耗身形和腿法的中规中矩。严格按压腿时的身形和腿法规定的要求将腿下压后，用身体控制压住，耗一会儿时间，同时也是为固定身形姿势。耗腿时感觉韧带有一定的拉痛，以休息一天第二天能恢复为好，要坚持循序渐进的原则。

（三）遛腿

"打拳不遛腿，到老冒失鬼"，遛腿就是走直趟踢腿。踢有正踢、侧踢、外摆、里合、单拍脚和双摆莲脚。

1. 正踢腿

起腿的胯根回抽，脚尖回勾，上踢脑门或双眼中间、鼻尖、嘴、下颌，以能踢到下颌为最好。

2. 侧踢腿

侧身勾脚上踢。

3. 外摆腿

摆腿从异侧起，脚经过面前向同侧摆落，以同侧手拍击脚背。

4. 里合腿

里合腿从同侧起，脚经过面前向异侧合落，以异侧手拍击脚内侧。

注意：遛腿练习时，要求勾起抿落、快起慢落，落腿宜轻，不以声响造势。两臂放松，顺势开合摆动，不起强劲。外摆腿和里合腿都要求脚走弧形，腿出扇面。练习太极拳的腿功都要以腰胯带动，以心意的开合、蓄发引导出腿功的力度，不发长劲，发短劲。练习时注意抽胯根。

（四）悬腿

悬腿就是控腿。一腿独立，一腿屈膝上提，小腿上起，将脚蹬出或分出，在一定时间内保持姿势不变。两腿交替练习。

（五）注意要点

俗话说"起腿半边空"，太极拳的腿法，离不开支撑腿的稳定。在用法上是双手展开，拿住对方的肢体后才起腿，起腿的劲力要合在支撑腿上。换句话说，不是用起来的那条腿去蹬，而是用支撑腿去蹬，支撑腿要有弹性，用踩上来的力从腰胯传导到蹬出腿的脚跟上，这样才能保持稳定，蹬出去的腿才有力度。

杨式太极拳架里的蹬脚、分脚、独立、摆莲的动作也要花时间单独反复练习，练习要点在拳架中有详细讲解。

三、桩功

在传统武术中，站桩具有很重要的地位，通过修炼体能和培养意念达到内强外壮的目的。各门各派都有不同形式的站桩练法和规矩，但无外乎都是以摆正骨架，调理气血，站出松沉饱满的气势，练出整体合一的内功内劲为目的。太极门内常见的桩功有无极桩、混元桩、虚步桩、活步桩等，最吃功夫的是扎四平马步桩，两脚之间距离三脚长，马步扎下去要求顶平、肩平、腿平、心平。老辈人讲的站桩则是要站在桩子上练，现在已经很少见了。

无极桩和混元桩常常作为修炼太极拳的人群采用。曹彦章先生有一套"太极拳桩功法（十三势）"，其内容为：（1）无极桩（2）太极桩（3）升降桩（4）开合桩（5）虚步桩（6）磨盘桩（7）分鬃桩（8）金鸡独立桩（9）伏虎桩（10）穿梭桩（11）左右盘膝推掌桩（12）左右黄龙卧道穿掌桩（13）混元桩。

太极桩功还可分为定步桩和活步桩。

（一）定步桩

仅以混元桩为例。

身体自然站立，头正直，百会虚灵，下颏微内收；两脚平行，脚外侧与肩同宽，脚尖向前，全脚掌放松着地；双手自然下垂；眼目视前方（或可闭目垂帘）。

松肩垂肘，从上向下松沉，两腿屈膝，敛臀似坐高凳；同时双手自然抬起呈抱球状，掤于胸前，掌心向内微含，十指自然分开，拇指微扣，两手指尖相距一拳的距离，肘要低于腕。

身心放松，呼吸自然。时间一般半小时左右即可，站桩时经常检查一下酸痛部位是否放松，身姿有否变形，可适当做些调整。收功时自然放松直立，心神意气归于自然。

经常练习站桩可以拉伸全身筋骨，增强脊椎的柔韧性，养护膝关节；调和人体经络的气血，增强身心健康。一般养生站桩无须意守，可听音乐、看电视，主要是调理人的呼吸、身形与精神，让身体保持一个最佳状态。以修炼武功为目的的站桩，则要炼神炼形，神形合一，有更多的内容和要求。

注意站桩的环境，室内站桩不要开风扇，不要开空调，室外站桩要选择背风处；恶劣天气不要站桩。心情不好，身体不适不要站桩。

（二）活步桩

传统杨式太极拳更注重练活步桩，活步桩即是盘拳架，从行拳走架中练出动静开合的纯粹的太极功夫。拳架是学练太极拳的基础，无论练基础架、功力架还是技击架，都要从一式一式中认真揣摩。

杨澄甫先师在《太极拳之练习谈》中提到"两腿宜分虚实，起落犹似猫行。体重移于左者，则左实，而右脚谓之虚；移于右者，则右实，而左脚谓之虚。所谓虚者，非空，其势仍未断，而留有伸缩变化之余意存焉。所谓实者，确实而已，非用劲过分，用力过猛之谓。"

练习拳架无论前进步、后退步还是平行步都是在动态中渐实渐虚的变化。虚实互根，每迈出一步都发生着牵一发而动全身的变化，实腿实的沉实，虚腿虚的虚灵，因为沉实才有了虚灵。太极拳架中左右虚实不断变化，步中有桩，桩中有步，一步一桩，步桩合一，在练拳架中打桩、扎根。照而行之，久练自能得到既松沉又虚灵的太极功夫。

深入研究太极拳，要分清重心和虚实在概念上的区别，即前后重心位置的分布不完全等于虚实的分布，这就是外在和内在的区别。在太极拳运动过程中，不仅两腿分虚实、两手分虚实，还要上下分虚实、左右分虚实、前后分虚实，思想意识也要分出虚实。盘架子时要用心体悟身体的每一分微妙变化，劲力的走向，攻防的转换。尤其是还要做到相连不断，一式之终点即下一式之起点，旧力未去，新力已生，体内虚实变化的契机永无停顿。从起势到收势，只要由无极进入太极态就要"磨转不停"，这是方宁师父一再告诫我的。"用意不用力，自始至终，绵绵不断，周而复始，循环无穷。"这就是盘拳架、练活步桩的真正意义所在。

"神融全形，融深融透"，这是廖语兵先生对站桩练习状态的精辟解读，无论是定步桩还是活步桩，练习时要得最高效率，必将神、意、气结合起来，有这八个字做参照，放松身心，一步步由外练而内练，继而行走坐卧无处不练，渐入太极佳境，逐步炼得炉火纯青。

第四章 太极推手

一、基础知识

现在的推手，老辈人叫作揉手，粘黏连随，有来有往。练习太极拳架而没有练习过推手，还只是停留在模仿阶段，并未入得太极门内。当两人搭手练习时，身上加载了外力，一切都和练拳架时感受到的松和虚实变化完全不一样了，由于不知力、不懂力，当与人搭手时，外力加在自己身上，立刻浑身僵滞，动弹不得，动作不受自己支配，终受制于人。

杨澄甫先师云："纯粹太极，其臂如棉裹铁，柔软沉重。推手之时，可以分辨。其拿人之时，手极轻而人不能过。其放人之时，如脱弹丸，迅速干脆，毫不受力。被跌出者，但觉一动，并不觉痛，已跌出丈余矣。"这是真正的太极功夫，学习太极拳一定要练出太极功夫，练太极功夫就要学习推手，而且必是太极推手。

以下是学习推手必备基础知识。

（一）站立姿态

两脚开立，一前一后，一般是右脚在前，左脚在后，也可以左脚在前，右脚在后。两脚之间的距离，左右、前后大约都与肩宽，前脚尖微向内扣，以自然舒适为准。初学时，两脚前后距离可略大些。

两脚之间前后的距离不是拉得越大越稳定，步子越大灵活性越差。保持一个自然舒适的状态，虚实变幻运转灵活，向前、向后、向左、向右、向上、向下能自如发挥。身心放松，神态自然，保持立身中正。

（二）重心位置

重心稍偏后，要给自己的活动范围留有充分的余地。

定步推手时，全身劲力通过两脚向下松落，重心在两脚间移动，向前、向后都要注意把握尺度。向前时注意后面留有衬力，俗称有看家的，不要后面无意念一味着力向前；向后时注意身后留足余量，且需要借助转体完成。向上引时，下面要松沉，向下沉时要有向上的虚灵劲。向左、向右转体时注意不失中正。重心移动时的所有动态不是单一的，基本上都是在做复合运动。太极推手有"让天不让地"之说，指重心的后移适可而止，上面受到攻击，下面靠转体和向前移动重心，悄然而至地到达对方腹地。

动步推手时，后脚实前脚虚，前脚脚掌或脚跟可以落平，也可以虚抬，如遇对方进攻：（1）前脚能够迅速后撤。（2）可以前脚掌为轴碾转脚跟。用以增大左右转体的幅度和力度。（3）还可以前脚掌为轴向内碾转脚跟，落平后，重心移至前腿，随转体后腿可以迅速向侧前方动步，变被动为主动。（4）前脚先抬起复再次落地时推出的力度大于前脚不动步。

初练以练定步为好，定步练的是听劲的功夫，练的是自己身上柔化的功夫、松沉和虚灵的功夫，练的是自己灵敏把握在时间上、空间上战机的无过不及的基本功。定步推手动作的要求十分细腻。有了定步推手的基础，由松沉而轻灵，就要进一步练习活步推手。活步推手注重练的是灵活的变化，练的是打的功夫，以散手中应用较多。太极高手多是以静待动，一动无有不动，以不变应万变，当对方向你身前上步处于一脚支撑一脚悬空时，你已稳定地先于对手到达他的面前，抢得先机。

（三）太极接手

太极接手的目的是为了粘黏对方，不是用本力把对方生顶在外面，手向外伸"掤捋挤按皆非是"。一旦触及对方，皮肤毛孔微微将其粘黏住，关节要松活，把来力通过腕肘肩脊腰胯膝踝松松落入脚下，随动而动，达到舍己从人的目的。接手只是表象，实质上是"我意在先"的问题，不能等对方力已加在自己身上再动作，出手就要跟对方的节奏合上，才能占得先机。

李雅轩先生教诲我们："未随出势，先将脑筋静下来，摒除杂念，身心放松，去掉拘束……将练时，先将全身放松，尤其是两臂，要松得如绳拴在肩上的一样，不可稍有拘束之力……出动时仍用一点点思想上的意思松松地将两臂掤挑起来。以腰脊之力牵动两臂稳静的出动。"注意这里面的层次，未随出势、将练时、出动时，练这种意在先的接手，要从拳架中预备式到起势的练习中去找，反复认真地感受。

另外接手的瞬间还要观察对方脚下的动态，练活步的往往在你站定时还要向你身前上步，抢占先机。此时，自己的后脚不可落实，待对方上步的瞬间，后脚稍做调整，重心后移，即可调整前脚到舒适位置，同时完成接手。

接手时与对方保持的距离要视对手强弱而定，对手强于自己，要保持一个安全的距离，不可让他贴得太近，如对手弱，距离近些更能发挥自己的优势。

（四）舍己从人

太极推手不以输赢为目的，不以打人为能。太极推手练的是自己而不是练如何打别人。如欲将对方捋出，形式上是捋对方出去，实质上是对方有向前之势，自己做了旋转动作。如按出对方，形式上是将对方推出，实质上是对方有后撤之意，自己向下松沉并随势向前移动。

舍己从人从另一个角度讲就是"打顺"和"借力"。"打顺"就是你想过来，我就帮你过来，你想撤退，我就送你一程，借的就是对方的失重和失控点上的力，借的是对方意念上的空当。无招无法、无拘无束，任凭自然。不是事先想好了怎么干，而是动起来根据对方的变化随机应变。但要牢记一点，千变万化不可离开太极，胸中有太极，自有变化万千。要学会在变化中粘住对方，并且保护好自己，不留破绽，即不给对手留下进攻的缝隙。不封手、不抢手，有力者不使力，充分让对手往自己身上使招，走柔化；无力者更要以灵活取胜，以机敏取胜，以智慧取胜。

另外，舍己从人不是无限制的舍，舍的没了自我，失于中正、无立足之地不可取，有舍己从人之处，也定要把握得机得势之处。

（五）太极松功

四肢不僵不直，全靠腰腿运化。两臂不要出力，双手接触到对方身上应该是很松柔的。太极拳练就的是神经的高度灵敏，硬力、僵力都影响其灵敏的程度。当身体接触到力时，接触点不应产生丝毫紧张，更不可用力去接去顶，而是丢弃该触点，丢弃的速度要与对手合拍，他快我快，他慢我慢，做到既不离又不顶。同时在丢弃触点时，身体的另外一侧要同步向对方的虚处探去，这里蕴含着太极阴阳、虚实的变化。

要放松各个关节，初练时腕部受制从肘化，肘部受制从肩化，肩部受制从腰脊化、从腰腿化，渐渐练就不用刻意去想就能在瞬时完成这一走化，一动无有不动。在体内建立起一个四通八达的力的疏通网络，其终点就是脚下，在脚下含蓄其力，又从脚下节节上行达于要去的地方。"肉松、骨缩（骨脱）、筋弹"，长久即可练出太极松柔的筋劲。

（六）手往何处放

既然是推手，手难免要与对方身体接触。手往对方什么地方放，是学推手之初最想了解的。对方的大臂、肩、胸、肋、胯、背都可以放手，但是不要试图去抓握对方的小臂，不要试图掐对方的腋窝，这样做的结果，吃亏的是自己，很有可能自己的手被撅；同时也不要试图拿对方的反关节，遇对方化劲好，反关节是拿不住的，如果对方化不开，造成误伤，于人于己都不利。

出手要虚灵，手指或微蜷或舒展，真真假假、虚虚实实尽在其中，肩、肘、腕、指要变化灵活，既有缓随又有疾应。出手宜分虚实，两手有主有次，一手实，另一手必渐虚之。未拿住对方之前，出手不可太实，太实不易变化，反易为人制。在发人之时，即使双手同出，仍然要留有变化的余地，以便随时可以收手，一是要避免对方突然变化而自己猝不及防，另外还要避免用力过猛给对方造成运动伤害。要学会以小臂粘连对方，做到不丢不顶。

（七）力往何处使

太极拳有拿有发。过去讲抓筋、拿脉、反骨，如今为避免伤害，推手时只以拿住对方劲路，顺势而入即可。拿劲路也就是常说的找对方力的运行路线，对方僵硬时比较好找。发力的方向可以是对方两脚之间连线的垂直方向，可直去（向下松沉地直去），可螺旋走，因为这个方向是对方的薄弱点；发力的方向也可以是对方力的运行方向，松开对方作用在自己身上的着力点，顺其势击之。

另外，还要为作用在自己身上的力找出路，肘、肩、脊、腰、胯、膝都是可以泄力的地方，所有关节部位都可以在圆活轻灵的运转中节节贯穿地将力疏通掉。要做到这一点，就要经常练习"活关节"，前辈管这个叫"在关节上安轮"，练活肩、胯四大关节和肘、腕、膝、踝八小关节，要练到身上的每一个关节、每一块肌肉在运动中都能受自己的支配。

（八）腰为主宰

拳论中对腰的论述比较多，如果腰脊无力，心意无主，遇见对手身势便散乱。推手中腰也是对方拿、发的重要部位。腰要成为主宰，必须经过活腰、涮腰、拧腰等一系列腰部配合松沉的练习，以及"外三合"与"内三合"的合劲练习。进一步还要注意丹田与腰的协调关系，将腰部练的既松活又有韧性，还有整体的合劲。腰好的人，一伸手就能感觉到他的厚重，作用在他身上的力往往在腰部就被化开而很难达于他的下盘。练好腰，脚下踩上来的力能很顺畅地到达自己想要去的地方，这就是"主宰于腰"，如果腰的力量很弱又不活，将无法实现"主宰"。

一般初学时，遇见比自己强大的对手，往往要降低重心，合住周身蓄劲，命门外凸，拿好腰弓，聚集起能量。功夫越高深，外形越不着像，看似普普通通的站着，周身已经具备了应敌变化。

（九）意念长远

在寻到合适的机会向对方发力时，意念不可只顾及在发力的接触点上，要有一股穿透力，穿过对方的身体向远处无限延长，势不可挡，同时眼神也向该处望去，好像为他寻找去处一样。需要注意的是，在发放的同时不要忘记中正和松沉的"根本"。

汪永泉大师说："打拳是为了锻炼身体，推手是为了提高兴趣。"初学推手，这些要点都可以参照练习，日久熟练后，这些都不再是束缚自己的框框。

推手是一个很复杂的"力学游戏",是"斗智斗勇"的对练,其中包含了诸多因素在里面。先是由简入繁,继而由繁化简。

推手是练自己身上的功夫,推手与拳架结合起来练,循序渐进地不断获得提高,达到"松柔、圆活、守中、合度、知变"的太极态。

二、基本动作

(一)平圆推手

平圆推手分单手平圆和双手平圆,单手平圆的练习是学习推手入门最基本、简单有效的方法。单人练习拳架时,自己是一个太极体,前后、左右、上下虚实合度,双人推手练习,两人合步搭手时,两个人合为一个太极体,不但自己虚实合度,还要和对方虚实合度,彼进我退,彼阴我阳。

平圆推手时你来我往,甲进,乙走化,乙进,甲走化。在进退中练习粘黏连随,练习听劲、懂劲的功夫。

【平圆推手】动作详解如下。

注:图中男为甲,女为乙;以右脚在前为例。下同。

【预备式】甲乙相对站立,双方左脚外摆45°,屈左腿,右脚向前上步,重心稍偏后。同时,双方右手向前伸出,相互掤住,两手腕骨处相贴,搭手于面前,臂微屈;左手按在左胯外侧。目视对方。(图422)

图422

第四章　太极推手

【动作1】甲重心前移成右弓步；同时，右手内旋，以掌根处贴附于乙腕骨处，向乙左胸前推去。

乙重心微向后移，掤手保持不变。（图423）

图423

【动作2】乙掤接甲来力，重心微向后移，边后移重心边向右转腰，同时右臂内旋，用右手掌根粘黏住甲手腕，引化到自己右肩前。

甲顺乙转腰旋臂之势，右手渐外旋，粘黏乙右手腕。（图424）

图424

【动作3】乙重心前移成右弓步；同时，以掌根处贴附于甲腕骨处，向甲左胸前推去。

甲重心微向后移，掤手保持不变。（图425）

图425

267

【动作4】甲掤接乙来力，重心微向后移，边后移重心边向右转腰；同时右臂内旋，用右手掌根粘黏住乙手腕，引化到自己右肩前。

乙顺甲转腰旋臂之势，右手渐外旋，粘黏甲右手腕。（图426）

图426

【动作5】甲重心前移成右弓步；同时，以掌根处贴附于乙腕骨处，向乙左胸前推去。

乙重心微向后移，掤手保持不变。（图427）

重复动作2至动作5，反复练习。

图427

【平圆推手】动作要点

（1）平圆推手练习是双人在定步前弓后坐运动中完成与对手的粘黏连随、不丢不顶。向前弓步者为攻，把握腰、肩、胯的整体动作；向后坐步者为化，运动速度和变化要能与对方合拍。双方搭手在胸前划平圆，不可直来直往。

（2）弓步前推时，要注意右手掌心朝前掌根按在对方腕骨上，不要用手指按在对方的手背上；左手掌心向下按在胯侧，起到后衬作用。

（3）向后坐步时，右手掤手，不顶不抗，转腰、松肩、旋臂；左手略向前伸送。太极拳运动分虚实，一手向内收回，另一手必向前送出，左右手的呼应，完成阴阳变化中的平衡和谐状态。初学时右手平圆要按住左掌，渐渐地要注意出一手而收另一手的协调动作。

（4）尤其要注意，后坐前要先放松后腿，弯曲膝关节；后坐时后腿膝关节要对正脚尖方向；后坐步到位，前腿不可挺直；根据后移重心的距离可以适当调节前脚尖是否上扬及上扬的幅度。

（5）转腰向前弓步时后腿膝盖不可内扣，仍要对正脚尖方向；前腿膝关节不要逾越脚尖。

（6）无论前弓还是后坐，到位时都要检查一下是否松到下边，即肩背上、手臂上无僵劲，保持下实上虚和中正不偏。

（7）眼神要关注对方的动态，尤其是在弓步到位后，不要随着转腰将脸转向左侧，更不可以将肩对着对方中线，此谓之过。而此时眼神关注对方，在对方由坐化转换为前攻瞬间能保持回旋的余地。

（8）速度不要过快，在平圆动态中的每一个接触点上的力度保持一致，不丢不顶。练习听劲、化劲，感受对方运动中的缺陷，不断弥补自身肢体僵紧受制的不足，逐步做到游刃有余。

（9）右脚在前动作熟练后，改为左脚在前，双方左手相搭练习。

（二）开合手

【预备式】甲乙双方前臂上举至面前，掌心向内，以手腕处粘黏；甲双手在外，乙双手在内，重心稍偏后。（图428）

图428

【动作1】甲重心后移成后坐步;同时,掌心向下按住乙手腕处。

乙重心前移成弓步;同时,两手内旋掌心向下,手背与甲掌心相黏。(图429)

图429

【动作2】甲重心前移成弓步;同时,双手黏住乙前臂前端合劲向乙腹部按去。

乙重心后移成后坐步;同时,以前臂前端黏甲掌根,化甲按劲,掌心向下。(图430)

图430

【动作3】乙两臂向两侧打开向上划弧;甲黏住乙手顺势打开两臂;双方腕骨处相搭,掌心向上,乙手在下,甲手在上。(图431)

图431

【动作4】乙掌心向下按住甲腕骨处；甲两手内旋掌心向下，手背与乙掌心相粘。（图432）

图432

【动作5】乙重心前移成弓步；同时，双手黏住甲前臂前端，合劲向甲腹部按去。

甲重心后移成后坐步；同时，以小臂前端黏乙掌根，化乙按劲，掌心向下。（图433）

图433

【动作6】甲两臂向两侧打开向上划弧；乙黏住甲手顺势打开两臂；双方腕骨处相搭，掌心向上，甲手在下，乙手在上。（图434）

重复动作1到动作6，反复练习。

图434

【开合手】动作要点

（1）练习开合手，双方两手粘黏住，向前弓步和向后坐步，一来一往。向前弓步者为合劲，向后坐步者要随，不丢不顶。后坐者在重心偏后时渐渐打开双臂，此为开劲，此时向前弓步者要随，双手粘黏住。

（2）由开手向上划弧转合手瞬间为蓄，为引的动作，胸腹要能含，继而向前弓步合手时要渐渐发放劲力。

（3）无论向前弓步或向后坐步，都要往实腿脚下松沉，稳定住自己的重心，走出跷跷板的劲来。

（4）开合手的练习过程粘黏连随，不丢不顶，中间换劲过程圆润顺随。

（三）合步四正手

四正手是推手的基本功之一，双人搭手，掤捋挤按贯穿动作全过程，源于步法上的不同，有合步四正手、活步四正手、顺步四正手、连环步四正手等。合步四正手是推手入门的基础功夫，做到掤捋挤按动态位置准确，劲力准确，劲路变化衔接自然流畅，是学练合步四正手的根本要求。以下介绍的是杨式传统四正手的练习方法。

【合步四正手】动作详解如下。

【预备式】甲乙相对站立，双方左脚外摆45°，屈左腿，右脚向前上步，重心稍偏后。同时，双方右手向前伸出，手背靠近腕骨处相贴搭手于面前，双方相互掤住，臂微屈，掌心斜向内；左手扶于对方右肘部。目视对方。（图435）

图435

第四章　太极推手

【动作1-甲掤】甲重心前移，右腿前弓；同时右手掤手，掌心斜向内，左手扶于乙右肘外侧。

乙重心微向后移；同时右手掤手，掌心向内，左手尺骨处粘贴于甲右肘部。（图436）

图436

【动作2-乙捋】乙顺甲掤势，屈左腿重心后移，身势右转；同时右手内旋，用掌根按在甲右手腕上，左手用尺骨粘黏甲右肘部外侧，双手向右后引带，成捋势。

甲被乙捋，身势微向左转；同时右手黏贴乙右手腕，左手渐渐脱开乙右肘部。（图437）

图437

【动作3-甲挤】甲被乙捋，身势右转，左手收附在自己右前臂内侧，右手渐渐向内收，合抱在左前臂外侧；同时，右腿前弓，以右前臂平挤乙胸部，化解乙的捋劲。

乙捋劲被破掉，双手掌心转向下，左手粘黏住甲右前臂和左手腕，右手粘黏住甲的左前臂和右手腕，看管住甲的活动关节。（图438）

图438

273

【动作4-乙按】甲边挤边向右转。乙随甲的转动，身势向左转正，两手掌心向下继续扶按在甲前臂上，看住甲的肘、腕关节，身势微含，化去甲的挤劲。

甲转正腰身，随乙按势将劲力松沉到脚下，松肩落上臂。（图439）

图439

【动作5-乙掤】乙重心向前移，右腿前弓，由按转左掤手，右手扶于甲左肘部。

甲顺乙来势重心后移，左手向上掤乙左手腕部，掌心斜向内；同时，右手脱开自己的左前臂，以右前臂黏贴向乙左臂外侧伸去，右臂外旋，以尺骨粘黏乙的左肘外侧，做好捋的准备。（图440）

图440

图441

【动作6-甲捋】甲顺乙掤势，屈左腿重心后移，身势左转；同时左手内旋，用掌根按在乙左手腕上，右手用尺骨粘黏乙左肘部外侧，双手向左后引带，成捋势。

乙被甲捋，身势微向右转，同时左手黏贴甲左手腕，右手渐渐脱开甲左肘。（图441）

第四章　太极推手

【动作7-乙挤】乙被甲将，身势左转，右手收附在自己左前臂内侧，左手渐渐向内收，合抱在右前臂外侧；同时，右腿前弓。以左前臂平挤甲胸部，化解甲的将劲。

甲将劲被破掉，双手掌心转向下，右手黏粘住乙左前臂和右手腕，左手黏住乙的右前臂和左手腕，看管住乙的活动关节。（图442）

图442

【动作8-甲按】乙边挤边向左转。甲随乙的转动，身势向右转正，两手掌心向下继续扶按在乙前臂上，看住乙的肘、腕关节，身势微含，化去乙的挤劲。

乙转正腰身，随甲按势将劲力松沉到脚下，松肩落上臂。（图443）

图443

【动作9-甲掤】甲重心前移，右腿前弓；由按转右掤手，左手扶于乙右肘部。

乙顺甲来势重心后移，右手向上掤甲右手腕部，掌心向内；同时，左手脱开自己的右前臂，以左前臂黏贴向甲右臂外侧伸去，左臂外旋，以尺骨黏粘甲的右肘外侧，做好将的准备。（图444）

图444

275

重复动作2至动作9，可以进行连续练习。

变换方向

变换方向的方法有多种，可以在掤手时换向，可以在按手时换向，也可以采用折叠的方法换向。换向后甲做乙的动作，乙做甲的动作，循环往复。

换向方法一　掤手时换向

【动作1】甲右掤手向前弓步。（图445）

图445

【动作2】乙稍向右转后移重心化掉甲掤势，乘甲断劲时右掤手向前弓步，甲顺乙掤势重心后移，转腰打捋，完成换向动作。（图446）

甲乙都可在对方掤手时换向，左掤手时或右掤手时都可以换向。

图446

第四章　太极推手

图447

换向方法二　按手时换向

【动作1】乙由左掤手被甲捋向左转腰打挤，甲在按的同时用右手控制住乙走化的方向。（图447）

【动作2】甲腰由右转反向左回转，将左手向上掤起，右手扶于乙左肘部，往前弓步即可完成换向动作。

乙接甲换向动态，即向右转腰，掤起左手，右手扶于甲左肘部，同时重心向后移动到左腿。（图448）

图448

甲乙都可在自己按手时换向。

换向方法三　折叠换向

【动作1】甲由按掌转右掤手，乙由挤转右掤手，甲重心稍偏前。（图449）

图449

277

【动作2】甲重心继续前移，同时，右手背粘黏住乙右手背，用左手推按乙右肘部向乙右腹靠近。

乙右手黏贴甲右手背，左手扶按在甲右肘部，向右转腰，松肩垂肘沉腕化开甲攻势。（图450）

图450

图450附图

图451

【动作3】乙向左转腰，右手向前掤起，左手扶于甲右肘部；同时，弓步重心前移。

甲后移重心，掤起右手，左手附于乙右肘部，准备打捋。接下来，甲捋乙挤，完成换向动作。（图451）

甲乙都可在由按掌掤起手来往前弓步时打折叠，左、右手都可以换向。

连续折叠

【动作1】甲做折叠换向动作,重心前移;同时,右手背粘黏住乙右手背,用左手掌根推按乙右肘部向乙右腹靠近。

乙右手黏贴甲右手背,左手扶按在甲右肘部,向右转腰,松肩垂肘化开甲攻势。(图452)

【动作2】乙向左转腰,右手向前掤起,同时,弓步重心前移。

甲重心后移,同时,左手向上翻翘乙右肘,右手黏贴乙右手背,破坏乙向前掤手。(图453)

图452 　　　　　　　　　　图452附图

图453 　　　　　　　　　　图453附图

【动作3】乙右肘被甲翻翘，顺势以右手背粘黏住甲右手背，用左手掌根推按甲右肘部向甲右腹靠近。

甲右手黏贴乙右手背，左手扶按在乙右肘部，向右转腰，松肩垂肘沉腕化开乙攻势。（图454）

【动作4】甲向左转腰，右手向前掤起，左手扶按在乙右肘部；同时，弓步重心前移。乙后移重心，掤起右手，左手尺骨处附于乙右肘部，准备打捋。接下来，乙捋甲挤，结束折叠动作，继续重复四正手动作。（图455）

图454

图455

或者乙重心后移，同时，左手向上翻翘甲右肘，右手黏贴乙右手背，破坏甲向前掤手。甲重心前移，顺势以右手背粘黏住乙右手背，用左手掌根推按乙右肘部向乙右腹靠近。继续打折叠动作，循环往复。

折叠动作甲或乙做一次完成换向，甲乙各做一次，并没有转换方向。

【合步四正手】动作要点

（1）预备式甲乙双方上步后，要先检查脚下站位是不是舒适合理，虚步重心稍偏后，双方两脚心或两脚掌相对，相距十公分为宜，此为合步。右脚在前则右手相搭，左脚在前则左手相搭，另一手附于对方掤手的肘部，掤手的位置在两人中间，不要上举过高挡住视线，左手不可手心向上托对方肘部。

（2）动作1-甲掤 如果双方都不动，视为平衡状态。所以甲先向前弓步掤出，主动打破平衡。甲不动时，乙不可先行主动转腰捋甲，更不可生拉硬拽。

（3）乙做捋的动作时，甲的右手要粘黏住乙右手，不要丢手，右手粘黏的同时重心要保持在前腿上，不要前弓过度；左手适时脱开乙的右肘部，保持身体中正，择机向右转腰打挤。

（4）甲挤时注意重心保持在前，弓步步型不变，切不可边挤边向后坐。甲挤时乙恰为按势，如果此时边挤边后坐，甲则可顺势由按化转为按出。

（5）乙按的动作为按化，按化时重心在后，不可着力下按或前推，按化时手要轻，听着甲的动静和变化。

（6）甲挤乙按时，乙要顺甲转腰之势，掤手向前移动重心，完成甲乙双方合步左掤手，此时乙掤手的重心位置稍偏前，甲的重心位置为稍偏后，准备打捋的动作。之后重复动作2至动作9反复练习，并可随时变换动作方向。

【合步四正手】劲力要点

（1）四正手俗称打轮，要以腰胯转化，打轮速度要均匀，劲力也要均匀分布在掤、捋、挤、按前弓腿和后坐腿运行的每一点上，不丢不顶。

（2）初学四正手尤其要注意动作的规范，预备式双方掤手应在两人之间的中心位置，且重心保持在稍偏后。甲掤手重心前移，乙后移重心转腰变捋，破除甲的掤势；甲不得势回腰转体打挤，破乙之捋势；乙顺甲挤势走按化，甲随乙按势即转掤手，乙随之掤起。此为半圈。后半圈道理相同。

（3）四正手应处处体现掤劲。掤，应是松掤而不是硬掤，硬掤谓之顶，要保持极灵敏的听觉，通过黏连贴随的运动形式，借助双方相互间的接触，感觉出对方力的方向、大小和意图上细微的变化，并及时作出相应的调整。掤捋挤按相生相克，顺势变化，达到圆活如珠的感觉。捋，应顺对方掤劲移重心转腰坐胯，旋臂沉肩肘向外侧引带，注意旋臂时动作均匀，避免突然的翻掌动作。捋要轻，轻可保持高度机敏，随时察觉对方劲力的细微变化，顺势应变。挤，一臂横在胸前，另一臂合在前臂内侧打挤，同时腰、肩、胯整体向前弓腿挤出，弓步到位一定要松沉身势，上臂向下松落，顶劲虚灵。按，由捋转按要松开肩背，双手要轻扶住对方的前臂侧上方，意在看住对方的肘和腕，化开其挤势，由捋转按蓄好腰弓。

（4）无论甲或乙，掤手重心稍向前移，对方不出捋手时，自己不可随便一边掤手一边转腰；捋要转腰向后移重心；挤时是弓步，重心在前；按时是坐步，重心在后。两人运转过程中不顶牛、不断劲。前弓后坐，手上臂上不要端着劲，通过练习，慢慢地把周身的劲力松下来，落下去。下盘要稳实，中盘要松活，上盘要顺随。平时练拳架与这种推手的感觉结合起来，练出太极劲来，这是我们的目标。

（5）无论是平圆推手还是四正手练习，不要固定伙伴，和多人搭手练习，每个人的感受和长处是不相同的，互相纠正，取长补短，动作进步更快。

（6）崔毅士一支传有更多的推手练习方法，比如活步打轮和活步大捋等，换向的方法也是多种多样，灵活变化。

（四）掤捋挤按与粘连贴随

下面以杨澄甫先师著《太极拳体用全书》中的内容为对照，对掤捋挤按四正手做详细解释。黑体字即原文。

"掤，捋，挤，按，四式。即黏，连，贴，随。"

这句话可以解释为：掤即黏，捋即连，挤即贴，按即随。以前在其他文字记载中，常见到"沾连粘随"或"粘黏连随"等，一直不清楚与掤捋挤按有什么连带关系。中文里"粘"与"黏"读音相同时（读：nián），字意也相同，即"使一个物体附着在另一个物体上"。同时"粘"既读（nián），又读（zhān），"粘"与"沾"在读音相同时，字意上大同小异，其意为"因接触而被东西附着，稍微碰上或挨上"。"贴"的字意是"紧挨着"。一个"紧"字区别出了粘（nián）与贴的不同，更形象更贴切地表述了挤与贴的内在含义。

图456 掤

【掤】（图456）

"掤法向外。驾御敌人之按手。使不得按至胸腹贴近。故曰掤。此掤字取意。与说文释义稍异掤之方式。如图。左右同其用法。最忌板滞。又忌迟重。板者。不知自己之运动。滞者。不知敌人之取舍。既不知己。又不知彼。则不成其为推手矣。迟重者。必以力御人。便成死手。非太极家之所取也。必曰掤者。黏也非抗也。手向外掤。意欲黏回。又不使己之掤手与胸部贴近。得化劲全赖转腰。一转腰则我之掤势已成矣。"

掤法的要点在于，"必曰掤者黏也非抗也。手向外掤意欲黏回又不使己之掤手与胸部贴近得化劲全赖转腰、一转腰则我之掤势已成矣"由此寥寥数语中，又是以舍己从人为主旨讲明了掤不是抗，掤不能将劲掤到对方身上，手既要向外掤，其意又欲黏回，此处点明掤即是黏。更重要的是"一转腰则我之掤势已成矣"，回味此句寓意深长，我以我之中心为圆心，以掤手为半径，黏住对方，对方来力推动我之球体，我顺势转腰形成掤势，既不板滞又无迟重。总结掤法：（1）手向外掤。（2）意欲黏回。（3）全赖转腰。杨式太极拳讲究掤劲，掤劲有了，杨式拳的韵味也就出来了。

图457 捋

【捋】（图457）

"捋者。连着彼之肘与腕。不抗不採。因彼伸臂袭我。我顺其势而取之。是收回意谓之捋。此字义又与说文不同。乃拳术家之专用名词也。其方式。即掤法转腰加上一手连着彼之肘节间。如上图。被捋者须本舍己从人。亦须知有舍人从己之处。被捋觉其手加重。便可乘之以靠。或觉其捋劲。忽有断续。则急舍其一边。而袭以挤可也。"

捋法的要点在于，"掤法转腰加上一手连着彼之肘节间。""不抗不採。""顺其势而取之"。此处点明捋即是连，要将双手连着对方的臂。捋不要捋到自己身上，不可生拉硬拽，"不抗不採"，仍然是舍己从人、顺势而行。捋寓"收回意"，捋时掤住转腰不能丢。"被捋者须本舍己从人。亦须知有舍人从己之处。"此处看到"亦须知有舍人从己之处"，即在感到对方给自己造成威胁时，要知变化、会变化，挤和靠都可破对方捋势，靠时要辨方向、权轻重、知分寸，不然则会被对手捋出。

【挤】（图458）

"挤者。正与捋式相反。捋则诱彼敌之按劲。使其进而入我陷阱而取之。必胜矣。设我之动力。先为彼所觉。则彼进劲必中断。而变为他式。则我之捋势失效。则不可不反退为进。用前手侧採其肘。提起后手。加在前手小臂内便乘势挤出。则彼仓猝变化之中。未有不

图458 挤

失其机势。而被我挤出矣。被挤者须于变化中能镇定。有先觉。急空其挤劲。则便成其按势矣。"

挤法的要点在于，"前手侧採其肘。提起后手。加在前手小臂内便乘势挤出"。这是由挒转挤的方法记述，同时也是挤破挒的使用方法。挒必重心后移，挤则重心向前，当被挒之时"觉其挒劲。忽有断续"则乘势挤出。挤就像将物置于汽车轮下，俗称打眼，挤时贴住对方，勿使其逃脱。所以，挤全凭脚下松沉的功夫，而不是单单用上肢去挤，上肢用力，脚下无根，人便轻浮，不但挤不住，还易被人制。

【按】（图459）

"按者。因挤式不得其机势。便将右手。缘彼敌之左肘外廉转上。仍成挒式挒回。如挒又不得势。则翻右手。以手心按彼左肘节上抽出。左手又以手心按彼左腕上。是谓之按。"

按法的要点在于以手心管住对方的肘与腕，改变对方挤势的方向。挒不得势时可翻手为按，即当对方以挤破掉我之挒势时，我则以双手向下按，随转腰改变对方向前挤来的力的方向，从而化解对方的挤势。若对方挤时又有向后移动重心时，即刻重心前移将对手按出。按为随，随着对方的变化而变化。

图459 按

"按之转复为掤。掤挒挤按。终而复始轮转不息。此谓练习黏连贴随之意也。以上四式。变化无穷。笔难缕述。望学者幸细心领会。於单人功架上之说明。详为参悟便易入门也。"掤挒挤按相生相克，黏连贴随生动形象，周而复始，变化无穷，趣味无穷。

三、推手进阶

拳架熟练了，掌握了推手的基本知识和平圆、开合手、四正手的基本动作，就要进入下一步无招式推手的学习。先从定步推手开始，动作上虽然不再按四正手的规定动作练习，但是仍然不离杨式太极推手粘连贴随的根本要领。这一阶段的学习首先要解决思想上的认识问题，坚信推手是练自己身上功夫的手段，不是用来争输赢的。

（一）改变思维方式

1. 放弃输赢

推手不是用来格斗、竞技的，是用来练自己身上太极功夫的手段。

杨澄甫先生在论太极推手中说"纯粹太极，其臂如棉裹铁，柔软沉重。其拿人之时，手极轻而人不能过。其放人之时，如脱弹丸，迅速干脆，毫不受力。其粘人之时，并不抓擒，轻轻粘住，即如胶而不能脱，使人双臂酸麻不可耐此乃真太极也。"

如何做到纯粹的太极推手，首先一点就是在学习推手过程中，思想上要放弃输赢。无论是初学还是有经验的高手，一旦在遇到旗鼓相当的对手，头脑里有了想赢怕输的念头时，往往会不由自主地争手、抢手，以力相拼，以快为能。赢得起而输不起。

练习太极推手不可争强斗狠，要平心静气地体悟、感知，与人搭手，不是我想把对方怎样，而是感受对方想要干什么，对方的动态，对方的力点、方向，对方瞬间的缺陷，甚至连对方的意念也要在练习中加强体会，在粘连贴随中，迎来送往，游刃有余。

2. 戒急戒躁

在顺势时和背势时都要戒除急躁情绪，保持心态上的平和，练习灵敏的听劲和恰到好处的随机反应。

杨澄甫先师在《太极拳体用全书》中指出"太极拳以练习推手为致用。学推手则即是学觉劲。有觉劲则懂劲便不难矣"。听劲是推手中重要的劲别之一，听劲不灵敏，时时比对方慢半拍，总是处在下风。提高听劲的灵敏性，在推手中先知先觉，听其动而动。盲人的听觉灵敏，就在于他失去了眼睛，靠耳朵和心灵感知世界。推手是用皮肤触及对手，感知对方的任何一个微小的动态和意图。摒除杂念，稳定心神，调动灵机，这是在双方面对面站定的瞬间必须完成的准备和在推手动态过程中需要保持的状态。

练习听劲要做到平心静气、不急不躁、不温不火。出手轻柔，听劲必然灵敏，出手沉重，势必反应迟钝。听劲灵敏了，做到粘黏连随、不丢不顶、舍己从人指日可待。

不急不躁更高一步的要求，不但在顺势时不急不躁，在对方突变，自己处于背势时依然能做到不急不躁，更要稳定心态。此时与对手拼的不是力气而是智慧和勇气，拼的是长期练习积累的太极潜能。

3. 舍己从人与舍人从己

舍己从人是太极推手的重要理念之一，即舍弃自己的主观意志，专注于对方的动态，他进我退、他退我进，在推手进退往来中做到"动急则急应，动缓则缓随""左重则左虚，右重则右杳"，换句话说就是要做到顺随，他想进，我帮他进；他想退，我帮他退。推手时分清阴阳虚实、避免双重，舍己从人形式上是不主动攻击对方，让对手先出招，自己随其势而动。

舍己从人要有度，不应完全舍掉自我。杨澄甫先师在《太极拳体用全书》中解释捋法时提到："被捋者须本舍己从人。亦须知有舍人从己之处。"舍人从己就是在舍己从人时，静心感知、发现对手的缺陷，并将其缺陷放大，变被动为主动。当对方的力从上面来，他下面必定空虚，我就要主动从下面进击，占住空间；他从左侧来，我进右侧，让出左侧。在往来动态中，如果对方有用力过猛，重心不稳，转向过大，盲目妄动随意后撤，瞬间双重等缺陷出现，就是我出手反击的最佳时机，也是舍人从己之时。迅速将其失误放大，乘机进取，走上真正的太极推手之路。实现以小力胜大力，以慢牵制快。

（二）改变用力习惯

1. 处变不惊

改变正常的心理和生理反应，从不丢不顶中得机得势。

"匹夫见辱，拔剑而起，挺身而斗，此不足为勇也。天下有大勇者，卒然临之而不惊，无故加之而不怒。"（摘自苏东坡《留侯论》）这就是"处变不惊"。

太极就是变化中的阴阳和谐，太极的魅力所在是基于它的变化，有变化太极才有生命力。在太极推手中，作用在人身上力的大小、力的方向、力的速度、力的运行距离的变化是毫无规律可循的，在这无常的变化中，"处变不惊"是推手中的制胜法宝之一，你有你的千变万化，我有我的一定之规。

正常情况下，没经过练习的人，摸哪哪僵，打哪哪惊。在双方的接触点上肌肉紧张，出现顶劲、抗力、身体的某部位一旦被对方制约，就总是想摆脱对方的力的控制，接触点上就容易出现解脱、择开、挣扎等一系列导致全身散乱的动作；突然被控，马上向相反方向逃逸，此时极易为人所乘。

在推手的圈子里难免会遇上有一把力气的人，双手很硬，出力迅猛，脚到手到，被推的人思想一惊，身体一紧，腰身散乱这种反应是一般正常人的正常反应。练习太极推手要丢弃这种反应，哪个部位接触到力点，哪个部位就要放松，由松而沉、圆转腰身，不仅身体上要放松，思想上也一定不能紧张。

处变不惊，是综合素质的考验。要有一定的听劲基础，要有接手时的灵敏和迅捷，要有松沉有度的虚实变化，用胥孔林先生的话说就是："把你的身体调成一种随时要动的状态，一种待动的状态，也不是像无极那样什么都没有，但是身体非常活，全身都调动起来了，随时要动！这就是太极的状态，这就是'物感而应'。"用徐长洪师父的话说就是："要松而不懈、紧而不僵、活而不散、慢而不滞。"

动作要跟得上，思想不混乱，经过长久的练习，身体上自然会产生骨骼和肌肉的记忆，身体放松，但是警惕性却不能放松，就像太极图上的阴阳鱼，阴中有阳，阳中有阴，时时刻刻孕育着变化。久之，以此去应对变化，无不能及。

2. 引动丹田，做到收发自如

太极拳的用力方式与我们习惯的用力方式是不相同的。练拳架是"手领、腰催、身随"，推手不是用手推而是用脚推，身体充分放松，脚永远与大地相连接，脚下一踩，丹田发动，力达梢节。

我们平常拿一个东西，要用手伸出去拿，往回收，也是用手把东西收回来，身体几乎没什么动态。而太极拳每一动都是由丹田催动，从根节到梢节。向外出，由根节，经中节，到梢节，向内收，先收根节，继而中节，最后梢节，这就是太极拳的用力方式。正是这种不同于寻常的运动方式，才使得太极拳虽然慢练，但聚集的内在能量使得动起来疾如闪电。由丹田引动的快比起单纯肢体运动的速度要快得多，所以才有"后发先至"的说法。

双方接手的瞬间，要化掉接触点上的力，在动作上不只是接触点上的伸缩动态，而是直接引动丹田从上肢的根部到梢将对手的力向内黏回，又同时由丹田催动，将来力从异侧下肢的根部引到脚下，周身都动起来，粘黏住对方。熟练掌握运用太极拳的用力方式，与对手粘黏瞬间，只有结果，没有过程，也就是说，周身无阻滞，在眨眼间就可以完成变化，做到攻守兼备。这样，外形上的动作会越来越小，人不知我，我独知人。

现代运动学专家学者非常重视人体核心力量，这个力量源于最接近身体重心的腰—骨盆—髋关节。传统拳中讲究丹田的重要性，同时丹田部分是牵一发而动全身，是整体发力的主要环节，太极推手高手离不开丹田的运用。练推手、练拳架丹田没有引动，上下肢脱节，发不出整劲来，实质上还没有建立起能够做出快速反应的核心动力。

（三）推手是力学游戏

1. 协调平衡

在练习太极拳时，自己是一个太极球，上下、左右、前后的虚实要恰到好处，在练习推手时，两人搭手即合为一个太极球，彼进我退，彼阴我阳，在推手变化中与对方虚实合度，保持自己的平衡，并且要伺机找到对方的缺陷，不失时机地将对方的缺陷放大，得机得势时，在空间与时间的契合点上出击，打在对方的腰上、脚上。

在遇到对方出击时，不可挣扎妄动，左重左虚而右已去，哪里受力就松开哪里，而同时另一侧已悄然深入对方的虚处。无论怎样变，也离不开阴阳虚实在变化中的平衡。

太极推手要在动态中求得平衡，就必须要保持好自己的重心，设法破坏对方的平衡。利用对方进攻时产生的不平衡，增加适量的推力，加速他的不平衡，使之产生错误动作。太极拳"四两拨千斤"的技巧在于打顺，你来我帮你过来，你走我送你一程，或者适时改变对方力的方向。在与对方黏连贴随中，保持好自己的平衡，最好的状态是在发人之后，自己仍然能保持平衡。

2. 避免双重

太极分阴阳，太极拳分虚实。双重不仅仅是外形上的两腿分担身体的重量，重要的是内在的虚实变化的契机是否停顿了。即便站位的重心不是五五开，只要内动停滞、不能灵活变化就是双重，所以有"推手就跟打拳一样"的说法。练拳时，一式衔接一式，每一式的终了就是下一式的起点，一旦引动起势，就像磨盘不停歇地转动，直至收势。所以才可以做到在推手时，当对方突然变招、发力，能马上跟上对方的变化。

下肢分虚实，上肢也要分虚实，上步、出手都要避免双重，一般情况下，一手向前出，另一手必向后收。在出与收之间，建立起相互呼应的关系，出一分则收一分，向上提起的虚腿源于实腿向下松沉，向前推掌源于向内收掌（如高探马），或源于向下按掌（如搂膝拗步）。上下肢之间也要建立相互的关联，如肩与胯异侧的相合和顺侧的协同。进一步练习出在一手之上分出虚实，走出太极变化。

只有拿住对方劲路时才同时使用双手，但是切记，发人之时就是挨打之际，因为发人瞬间，人处于整劲状态，高手也会选择在这个时机出手。对方双手用力来推，他未分阴阳，我分阴阳，左右虚实变换，引导对方进入自己布下的陷阱中。

避免双重还需要搞清楚一个问题，人的体重的分布与虚实的分布有时并不完全重合。人的内劲就像水一样集蓄在体内，向前弓步要先移动身体再开闸放水，内劲直接灌注在脚下，如果向前弓步和体重同时向前走，这叫明劲，易被对方察觉。向后坐步，支撑腿要渐渐稳实起来，能真正起到支撑作用，前腿要能渐渐虚起，就像水又重新流回体内，看似虚腿在前，但实质上已经处于极虚的状态，随时能顺势而动。如果后坐步前腿的虚不能像水一样渐渐变小，支撑腿缺少支撑力度，这样仍然不灵动，还是处于双重被动挨打的状态。

3. 站住中定

学习推手要先从定步开始，两腿之间虚实转换要灵活，实腿要松沉，要扎根、稳实，虚腿要松活。定步要能定得住，重心在两腿之间转换，不可随意动步。此阶段浑身僵硬，周身感到受制，无论怎样都难以化掉对方的来力，这时千万不能放弃，从自身找问题。一个最简单的方法就是把自己永远放在最舒适的位置，推手时要让自己舒服，而对方不能舒服，不舒服时就要赶紧调整到舒适的位置。

太极拳讲"守中用中"，这是推手中的重要意识，首先是站住中定，以实击虚。站住中定，不是定住不动。站住中定要在定步推手这个关键的过程中体会重心在虚实变化中的无过不及，过了就有失中定，易为人打顺，不及则不能给对方造成威胁。推手跟拳架结合练出松沉劲，向前沉到前腿，向后沉到后腿，走的是跷跷板的劲，腰胯的协调转动不离中正。

推手时不接对方的力，遇对方来力，要将力引入自己脚下，有了大地的承接也就有了反出的动力，如果一遇对方来力，自己就主动向后移动而不是向下松沉，走的是荡船的劲，无中定可言，这是败退。

从定步到活步的方法，如前面提到的，后移重心时前腿的劲力要像水一样流回到自己体内，做到虚腿与实腿相关联，将虚腿真正变虚，此时即完成了由定步而活步的转换，实腿稳实，虚腿轻灵，进步退步全在自己掌控之中，对方向前的力如果过大，我顺势将虚腿后撤，迅速将身体松沉到撤步的腿上，并以此为支点反将对手击出。活步中依然不失中定。

由定步而活步是推手技能提高的阶段。对高手而言，当对方动步时，我不动步却先于对方稳定了身势，打在对手上步时由一腿支撑的不稳定状态。对于弱小者而言，动步闪身，步活身灵，可以弥补功力上的不足，变被动为主动。从定步开始练出松沉劲，再由松沉带动轻灵，从而自然而然地实现活步推手。如果没有经过扎实的定步推手的训练，直接进入活步，往往脚下无根失于浮。

4. 避实击虚

避实击虚是太极拳巧妙打法之一。"重里现轻莫停留"，曹彦章先生在教推手时会把这句话挂在嘴边。练习推手要放弃自己的主观意识，不主动出击，细心体会对方的意图，感受对方想干什么，把对方的一举一动都掌控在自己心中。对方快，我已在他之先，对方力大，我不接力，避实击虚，思想上不要有任何主观意识，完全跟随对方的变化而动。重为实，轻为虚，"避风头，打风尾"，接触到对方的来力，让过对方主力部分，在对方劲力将尽时再出击，此时对方旧力将尽，新力未生，想收又收不回去的时候，用小力即可解决问题。

若要将力的效率发挥到最大，我们不可忽视人体骨架结构是否摆放在了合理的位置，对来力的承接和支撑能否发挥到极致的作用。胯起到将上肢与下肢相连接的作用，大、小腿和前上臂各自之间的夹角的大小也起着至关重要的作用。避实击虚，首先是避实的问题。在受到外力的突然打击时要能瞬间松开各关节，断开肢体之间的连接，化掉外力，这里有科学、合理、恰到好处的散开肢体全部或某一部分的问题。当发劲时，周身各关节要能够紧密相连，发挥最大效力。

另外藏腰也是避实的一个好的方法，脚和腰是对方打击的重要部位，藏腰就是将腰避开对方来力的攻击路线，这需要胯的松活，左右虚实变化速度，经久练习将虚实的分布脱离开身体重心分布的制约，每一动要封严自己，不给对方出手的机会，而随时可以伺机想发就发，当然这也离不开听劲在先。

"多用身形少用手，先用身形后用手，用身形攻对方虚处，攻其不备，避实击虚，虚处弱处往往是对手的不备之处。"这是我的师父对避实击虚的最好解释。

5. 以慢制快

太极拳以小力胜大力的观点人人都能接受，但是太极拳以慢制快的观点很多人不理解或持怀疑态度。太极拳既然有后发先至，就一定有其快速的一面。太极拳的快完全是由内动带动外动，发力瞬间，丹田引动，"力起于脚，发于腿，主宰于腰，形于指"。心意一动，脚下踩动即达指端，中间的传导过程十分迅疾，速度远远比单纯的肢体运动速度快得多，而且以逸待劳，发短劲、发寸劲，发力的效率非常高。太极拳慢练看上去是慢，但是慢中蕴藏着极快。

太极拳的以慢制快还在于与对方搭手时即施以粘黏劲，对方快我快，对方慢我慢，速度上要与对方合拍，不丢不顶。粘黏到精彩处，牵制着对方，让他想快也快不起来，想慢也慢不下去。柔化到高级阶段就是由大圈到小圈，小圈到无圈，稍事调整即可处于攻防的最佳状态，而看不见外形上的明显动静。即使对手快速发动攻击，依然思想上不慌张，动作上不忙乱，胸有成竹。以静制动的太极推手方式使得呼吸顺随，体力精力充沛，对手的一举一动总是在自己的掌控之中，虽慢犹快。

6. 皮筋劲和秤砣劲

师爷崔毅士先生语录："当你双手牵住橡皮筋的两端，将橡皮筋拉长，拉到极限时，橡皮筋就会断开。这好比练拳时用力过猛，产生动作僵滞，没有回旋的余地。如果双手向里合，橡皮筋就会软下来，这就像练拳时不用力，易产生动作松软无力，没有变化的余地。只有将橡皮筋拉到恰到好处，使它富有一定弹性时，这时既可以继续拉长，又可以适时地回收。"这就是师爷独具特色的皮筋劲。

皮筋劲也是人们常说的弹簧劲，有压力就有反弹力，对方压力越大，反弹力越大，当压力突然消失时，反弹力必须也随之瞬间消失。底盘是松沉劲，上边是黏粘劲，皮筋劲应用到全身，从脚到手，周身一家。上下的变化可以随意转换。

秤砣劲是当作用力和反作用力平衡时处于静止状态，若秤砣往边上拨一点，另一端必翘起。推手时的秤砣劲就是这个道理。

所有身上的劲都不会是单一的，比如四正手的掤捋挤按，互相融入渗透，熟练于身则"掤捋挤按皆非是"。当推手到一定程度，所有身上的劲力都可以根据对方的变化在大小、方向和力度上随意转换。真的是需要经过多年的磨炼，才能达到懂劲，达到随心所欲，也就是前人说的"阶及神明"。

（四）无招胜有招

社会上教推手的人很多，讲招法的也不少，动辄封对方的手，甚至拿反关节。但是如果遇到太极高手，不以招法回应，所学的招法一招也用不上。俗话说"无招胜有招""彼不动己不动"，一旦对方有动，就应能做到随彼之动而动。

学习太极推手的过程往往是先学太极拳，一式一式串成套路，在盘拳架的过程中练出扎实的根基，练的是知己的功夫。拳架练熟了就开始学习如何拆招、用招，用心体悟太极拳每一式的用法。陈炎林老前辈早在1943年出版的《太极拳刀剑杆散手合编》一书中，将太极拳每一式的应用拆解成对练套路以供后人习练。招式会用了，师父开始喂手进入感知劲力阶段。

我跟师父学推手，师父的宗旨是"不教招、不喂手、防守不留缝隙"。

太极推手千变万化，招是死的，人是活的，在高手面前招法根本使不上。在招的运用中，少则用一次，多则两三次，对手就学机灵了，不会让你再使上。另外用招要寻找适当的机会，在太极推手中，可能始终找不到能用上某一招的机会。师父说"学手丢手，没手长手"，意思是说，学一手招法就只有一手，对方不给机会，一招也用不上。不学招法，只练身上的功夫，把自己的手丢掉，练到浑身上下都是手，变化层出不穷。太极推手身上反应迅捷，不是通过头脑分析后再支配动作，而是靠全身皮肤、骨骼记忆的反应，瞬间作用到对手身上。

不喂手，意思是别人喂你你就有，不喂你就没有。不留缝隙讲的是不假推，思想上、身体上认真、严密防守，不给对方可乘之机。师父教我们要认真对待每一次机会，不给对手留一点缝隙，从身法上反复找，不搞虚的假的，这是学习和传授太极推手必须端正的认识。

《孙子兵法》中提到："……常山之蛇，击其首则尾至，击其尾则首至，击其中则首尾俱至。"以此形容用兵之法。用在太极拳上则是形容身体的灵动，形容身体各部位在运动中的协调呼应。学习太极推手，"常山之蛇"是必须借鉴的，双方搭手必有接触点，无论这点在身体上的什么部位，该部位一定要有反应，不可毫无知觉，也不可以力相顶。一般常人的反应是碰哪儿哪紧，尤其是身体受到突然打击，接触点上最直接的反应就是猛然抖动。太极推手练的时间长了，该点的反应是在有知觉的前提下松掉接触点上的力，松掉的速度要不快不慢，不早不晚，与进攻方合上拍，真正做到不顶不丢。不但如此，身体的其他部位也要有相应的动势以做出呼应，接触点退一分，其他部位就要先进上一分，且进且退，在对方不知不觉中完成由化到打的过程。

汪永泉大师说"手法为招，是有形有象的，内功为术，是无形无象的。"师父推手绝不封手、抢手，敞开了让对方往身上推，全在身上走化劲，腾出两手随时给对方制造麻烦、造成威胁。他说这叫关门缉盗，用身体控制对方两手，让他进不得进，撤不得撤。

虚虚实实，实实虚虚，在走化中蓄劲，不出快手、脏手、狠手，粘黏住对方，以慢牵制他的快，让他想快也快不起来。顺势借力，在对方不得力，多一分力也承受不住的情况下，加上这一分力就足够了。

太极拳无招胜有招，这个"无招"的境界是从最初一拳一脚的有形招数中学起、做起，贯以数十年的勤练苦思，方能得来。"练拳不练功，到老一场空。"从认真练习太极拳的套路到学习太极推手，从推手中悟得一点一滴再应用到太极拳中，由简入手至繁，再由繁化简，反反复复、千捶百炼、日臻成熟。从懂拳理到功夫上身，书越读越薄，艺越练越精，至简至易。

（五）上善若水至善至简

大道至简，是从繁杂万物中悟出简单的道理，"到得从多入少、从有入无处，才是学问的真消息"，上善若水就是太极推手由繁入简处，是道之简、道之易。

上善若水的字面含义是：最高的境界莫过于水，最好的品质莫过于水。老子在《道德经》中论述："上善若水。水善利万物而不争，处众人之所恶，故几于道。"老子认为水善于帮助万物而不与万物相争，它停留在众人所不喜欢的地方，所以接近于道。

水，无色无味。人的生命从水中来，水的生命在于流动和变化。水向上升腾化为云雾，虚无飘渺，自由自在；水向下沉降化作雨露，滋润大地，汇成涛涛江河；水居高临下聚集起势能，无坚不摧；水结成冰，越是在寒冷恶劣的环境下，越能体现出钢铁般的坚硬；水化成气体，压力越大，爆发力越强；水可携带温度，或冰冷，或滚烫，或常温；水在不同的容器中形成不同的形状。水既有阴柔的一面又有阳刚的一面，无声无息中即完成了万千的变化。世界上最柔的东西莫过于水，所以说弱能胜强，柔可克刚。水能净化万物而不求回报。

孙禄堂先生有句名言："道本自然一气游，松松静静最难求。得来万法皆无用，身形应当似水流。"太极推手体内虚实变化像流水一样。推手之时，两人搭手，要认真感觉对方身体各部位的虚实变化，自己则要像水一样往对方最薄弱处流动，只要探到缝隙，就源源不断地注入，无缝不钻、无孔不入。流速和流量要视对方的变化而定。水是无所不利的。它避高趋下，一泄千里到任何地方，它处于深潭之中，表面清澈而平静，但却深不可测。

太极高手推手时，忽而身体就像一个胶皮水口袋，如攻其一处，其他地方就会毫不容情地包裹过来；忽而绵柔之极，伸手探去，像跌进无底深渊；用大力击之则如同球碰壁被迅速弹飞，在太极高手面前总令人感到处于被动，处于劣势，毫无办法。进不敢进，退不敢退，挣扎更于事无补，反而加速溃败。这就是水的特性，水在外部环境的变化中而变化，求得生存的最佳状态，上善若水，这也是对太极推手的精辟解读。

四、推手、散手和散打

先说散手。散手是由中国古战场徒手搏击和生死擂台赛发展而来的一项武术对抗性技击项目，是不分门派、不附加任何条件的徒手搏击，是用于防身技击的实战技术。散手基本上脱离了肢体上的粘连黏随，你打你的，我打我的，打得赢就打，打不赢就走。

散手动作简洁明快实用，讲求以不变应万变，应用打、踢、拿、靠、摔的武术技术元素，引进落空，借力打力，一分高下。早年间流行的擒拿方法如点穴、劈斩、抓筋、拿脉、反骨、锁喉、卡腰、搬扭、扣缠等，都可在散手中应用。甚至在生死攸关时还会出现金钱镖、飞刀、袖箭、梅花针、石灰粉等五花八门的暗器，连女侠绣花鞋脚尖上的绒球里也会暗藏倒钩。社会的发展使得昔日散手出手见红，一招制敌的本身与现代文明和体育竞技精神相悖，上述各种擒拿手法和暗器在散手中已经全部被禁止使用。

郑曼青在太极拳感悟中提及杨澄甫先师曰"散手即散打。无定法。推手大捋。乃着熟功夫。着熟即是学听劲。由听劲而渐悟懂劲。既懂劲。无所谓着与不着。散与不散。粘与不粘。随与不随。此皆费辞。不得中肯綮。散手之方在五行。所谓进退顾盼定也。苟能懂劲且知方。则用全矣。"

散手或称散打，历经社会变迁和竞技需要，已经逐步发展成为现代散打搏击技术，与老辈人传下来的散打大相径庭。现代散打是搏击双方要按照一定的规则，并运用武术中的踢、打、摔等攻防技法制服对方的徒手对抗的武术项目，它是中国武术的重要组成部分。现代散打必须佩带护具，有护头、护胸、护腿、护裆、护齿、绷带、拳套，这些护具起到了在激烈对抗中对运动员的保护作用，同时也限制了武术擒拿手法的运用。散打规则严格规定了不准向对方后脑、颈部、裆部进行攻击，也不允许使用反关节动作及肘、膝的技法，但可以运用武术各种流派的技法。"远踢、近打、贴身摔"，现代散打常见以直拳、摆拳、抄拳、鞭拳、鞭腿、蹬腿、踹腿、摔法等技法组成的踢、打、摔相结合的攻防技术。

散打没有套路，只有单招和组合，见招拆招，是以克敌制胜为主要目标，无论技术还是战术的运用都是从实战出发，围绕实战进行。散打运动员有年龄限制，有体质体力的要求，具有良好的临场意识和心理素质。散打必须在专业的训练场地和在专业的教练强化对抗训练下实现技术、战术上的提升，必须在特定的比赛场地环境中进行。

民间缺少上述条件的训练场所和训练方法，真实打斗的实战散手不适用于大众健身，在民间一般都采用以切磋为主的推手交流方式，或者演绎成散手对练套路，成了竞赛、表演项目。早在1943年陈炎林老前辈就在他的著作《太极拳刀剑杆散手合编》一书中对散手对打作了详细的套路解说，并配多幅插图，形象生动地展示了太极拳在对练中的应用。多年来该书一直是受到人们广泛推崇的学习范本。陈炎林在书序中感慨万分："我国武术，门派綦繁，由来已久。迄于今日，泰半失传。"紧接着又说道："谨就太极拳言之，远姑勿论，即清代杨露禅一流，所传于今者，亦仅皮毛尔。"并对二十五种太极劲法一一作了详细说明。1980年人民体育出版社出版了沙国政先生在陈炎林《太极拳刀剑杆散手合编》中的"散手对打"基础上，综合陈、杨、孙、吴等各式太极拳的特点，充实了技术内容，整理的《太极拳对练》一书，增加了太极拳练习的趣味性。太极散手对练套路的练习，有助于加强理解和掌握太极拳式的招法和技击方法，有助于增强习练者的自信心。

练习推手先从定步开始，要从练自己的功夫入手，从推手中练自己的听劲功夫、自己身上走化的功夫、随势而变的功夫、练自己能否抓住转瞬即逝的制胜机会的功夫。许多人绕开定步推手这个练自己功夫的极好方法，直接进入活步推手，甚至上来就想练散手，寻招法、练打手，结果身上僵劲未退，没有松沉的劲力，没有灵敏的听劲，总是处于背势。从扎扎实实学定步推手开始，渐至松柔圆活，自然而然地进入活步推手的训练，练得炉火纯青才是进入太极最佳状态的捷径。

推手是各门派内部用来摸手试劲的方法，推手不是万能的，不是用来进行比赛竞技的，推手不是散手，更不是散打。由于社会的变迁，摆擂台、签生死文书的形式已经是过去式，散打已经成为有组织的、在场馆进行的、由专业运动员参与的竞技运动。对于大众健身人群，运用太极拳理论练习太极拳，掌握推手的方法，互相切磋交流学习太极拳的体会，可以引发更浓厚的兴趣，增强健身效果，保持敏锐思维和修炼优良品性。

五、太极推手与拳架的结合

练拳架和推手到底有没有关系？是笔者一直纠结的问题。经过多年学习和探索，终于搞明白了这个问题。想深入学习太极拳，把自己融入太极拳，离不开太极推手的练习，练拳和推手是互相补充验证的。推手是检验太极拳架是否符合太极拳理的重要方式，也是提高太极拳功底的重要手段；拳架是展现推手水平的最好形式，拳架和推手缺一不可。王宗岳《太极拳论》中的精典论点是我们学习太极拳的纲领。方宁师父说过,学习《太极拳论》要一句一句地学习,要一个字一个字地体会。学习太极拳,必须懂阴阳、虚实、开合、刚柔等互根互生、消长变化之理。从松柔入手,逐渐圆活,守住中定,虚实合度,于变化中立于不败之地。

(一)松柔

练拳时,拳在心里,人在拳里,"眼前无人似有人",其实质是将拳的攻防意念加入拳势运行之中,这还远远不够。练拳时感觉自己很放松,拳架也漂亮,但是,当外力加在自己身上时,却不能够做出不丢不顶的反应,没有做到真正的放松,所以无论练习拳架还是练习推手都要从松柔开始。肢体的松柔主要在各关节上的灵活,周身不拿劲,肌肉处于放松状态。常有人用"婴儿态"比喻松柔。放松只是太极拳的一个方面,松到没有了支撑就失去了太极拳作为武术拳种的意义,太极是阴阳,太极拳是虚实,有松柔必有坚刚,否则也不是太极拳。

(二)圆活

"由招熟而渐悟懂劲",练习懂劲的功夫必须从学习推手开始,懂劲离不开听劲,听劲在前,动态反应在后,虽有前后之分,但反应只是在一瞬间的事。听劲慢半拍,永远处于被动地位。听劲由肌肤的接触产生,从粘连贴随中感受对方的动态;听劲由心灵的感应产生,听劲灵敏时,甚至连对方的思想动态也在把握之中。掤劲是粘黏劲,圆是掤劲的升华,如果只练拳架不练推手,没有与外力接触产生的感知,永远处于模仿动作阶段,不知如何应对来力,不知何时进退,不知动态的尺寸分毫,动作跟不上对方的变化,失于协调,难以做到圆活。

推手的理念,不是怎样想方设法把对手推出去,而是要竭尽所能不被对手推出去,这就需要有把对方的来力柔化掉的功夫。圆活是柔化的极佳手段,身体某一点或多点接触到对方来力,周身都要有反应。老拳师说,"肘受制从肩化,肩受制从腰化、从腰腿化。"渐渐地,无论何处着力,都能迅速将来力引入脚下,没有中间过程,周身关节无阻制,肌肉不僵硬,上下不拿劲,这与练成的圆活饱满的拳架有关。

(三)守中

推手时光会柔化不行,还要能及时抓住对方的缺陷,将其放大,以小力胜大力。但是在出手的同时又要防备对手的虚诈,因为出手推人时也是自己周身整劲之时,容易被对手乘机反击。这就是推手时的你来我往、千变万化。守中是在这种变化中立于不败之地的根本,杨澄甫为长子取字守中,可见杨家对守中的重视程度。乒乓球运动员,每在击出一拍后要立即回到中位防守,道理是一样的。

练拳架时重心的移动,无论向前、向后,或是左右平移,力不是像荡船一样平着移动,而是像跷跷板一样,往实腿下沉落扎根,实腿借助地力生出弹性。虚腿则源于实腿的松沉而虚灵,在长期行拳走架过程中,虚腿与实腿之间建立起必然的连带关系,一步一桩,稳定扎实而又灵活多变。这样练出来的拳架守住中定,无过不及,即使在活步推手中,稳定扎实的拳架功底也可得到较好应用发挥。

(四)合度

推手时要做到随曲就伸,离不开平时练拳中的中正不失、虚实变化合度。每当运行拳势时,内劲源源不断,阴阳转换的契机是不停滞的,就像太极图阴阳鱼的眼睛,阴中有阳、阳中有阴,放必有收、收必有放,向前必有向后,向后必有向前。个人行拳时,要练出自己周身虚实合度,上下左右相互关联,此进一分彼退一分;在与人推手之时除了保持练拳时的这种感觉,还要与对方虚实合度,粘连贴随,不丢不顶。所有动态并无具体招式,而是随着对方的变化而变化,内动不停,阴阳虚实,此消彼长。这就是"推手时就像与对手打拳一样"的意义所在,除了外在肢体的合,还需内在心意的合,自己合,与对手合，从动态时的不平衡中追求平衡，寻找对方破绽，得机得势的瞬间以弱胜强。这才是太极之道。

（五）知变

杨澄甫先师在《太极拳体用全书》中指出，"被将者须本舍己从人。亦须知有舍人从己之处"。但凡"舍"也要有度，舍到自己没了退路也就没了胜算，所以还要"知变"。不知变化，失了中的根本是不可取的。

"用意不用力"其中的用意不是用自己的主观意识想好了要怎样做，而是太极功夫上身后的舍己从人，只有舍己才能从人，意念要跟着对方的变而变化，感受对方想干什么，对方出招我接招，一旦对方丢扁顶抗，立即出手打顺。徐长洪师父讲："手指永远扣在扳机上，机会一来，就搂火。"做到这一点，离不开脚下松沉、下实上虚的功夫。太极推手不离粘连贴随，舍己从人既要避免主观上的生打愣要，又要知道取舍，同时要守护好自己的根本，封严自己，做到防守无缺陷，不给对手任何机会。阴阳虚实合度的变化是太极拳的灵魂，有变化就有生生不息的生命。

太极拳学习是全方位的。虽然太极拳理论公开透明，教科书和教学光盘层出不穷，但心知代替不了身知。拳架和推手都要加以练习，不可偏废。松柔、圆活、守中、合度、知变是把拳架和推手结合在一起循序渐进提升太极功夫的过程，这几点你中有我，我中有你，互相融合贯通，不是独立存在的。

第五章 运动保护

一、保护膝关节

练太极拳多年，经常能听到人们说自己腿疼。原以为练拳就是要腿疼，腿不疼说明没下工夫，直到腿疼得上不了楼，膝肿得不敢屈蹲，几乎要放弃练拳。有不少腿疼的人看过医生，几乎所有的医生异口同声："别练拳了。"我一直怕听到从医生嘴里说出的这句话，不敢看大夫，咬牙忍着，错过了最好的就诊时间。谁之过？是太极拳错了吗？不是，是练的方法错了。自从太极拳被拿来比赛，人们为了赢取高分，步子越拉越大、架势越练越低；还有的一知半解就好为人师，不正确的姿势以及不正确的练拳方法很容易导致膝关节受损，甚至发生不可逆转的损伤。

传统杨式太极拳行拳时，多以实腿碾转，如果不讲方法地生压硬转或是膝关节扭到脚内侧承压，其损伤将是不可避免的，因此我们要大致了解并学会在练拳中保护自己的膝关节。

膝关节是屈伸关节，限于它的结构，膝内屈度（小腿向大腿方向的弯曲）约135°～170°，膝关节不能向前弯曲（不能倒弯）。膝关节不可任意扭转，自动范围极少，其左右摆扣旋转要依赖于髋关节的活动而随之。太极拳运动中膝关节常见的运动损伤主要有半月软骨损伤和髌骨软骨软化症。

膝关节半月板损伤也叫半月软骨损伤，是由于膝关节在弯曲状态下拧转时突然伸直，此时半月板正好位于股骨、胫骨内外侧踝的突起部位间，易受挤压而损伤；当膝外翻或内翻时，增加了对一侧半月板和关节面的压力，增加了它们磨损和撕裂的机率。半月板损伤在运动时出现疼痛、弹响和交锁感。

髌骨软骨软化症是指髌骨软骨面因长期用力、快速屈伸，增加髌骨关节的磨损，从而形成髌骨关节的骨关节病。常见屈伸膝关节的异常弹响，很多人还会伴有膝关节的疼痛、酸胀等不适感。

根据膝关节疼痛部位不同可以初步判断病因。如前方疼痛为髌骨软化、滑囊炎、关节炎；后方疼痛为腘窝囊肿、骨关节炎；两侧疼痛为半月板损伤、侧副韧带撕裂、关节炎；上方疼痛为股四头肌腱损伤、关节肿胀；下方疼痛为胫骨结节骨骺炎，如图460所示。

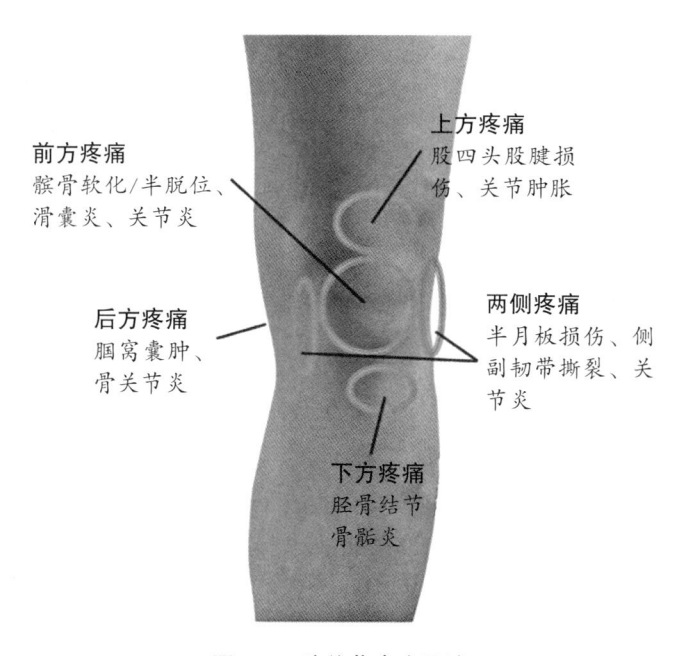

图460　膝关节疼痛区域

保持膝关节处于最佳的正常生理活动状态，练习太极拳时应注意以下几点：

（1）先热身再练拳。练拳前做好准备活动，压压腿、踢踢腿、充分活动膝关节，将各关节活动开，消除身体的僵劲，放松全身，不起强劲。

（2）初学者和中老年人拳架不宜过低，不要将低功架作为追求的目标。人的关节有些部位的某些角度平日比较少活动到，尤其是髋关节和肩关节，这就像一部新的汽车一样，需要有一个磨合期才能运动得灵活顺畅。太极拳半屈蹲动作对初学拳者也是难以承受。坚持练习太极拳一段时间，经常开胯、活肩，增大各关节圆周运动和升降运动的活动范围，会使"死"关节逐渐活泼起来，并能增强关节周围的肌肉力量，肌腱和韧带增粗，关节面增厚，加大关节的稳固性，从而循序渐进地进入太极拳的最佳状态。

（3）太极拳姿势和动作的练习方法一定要正确。正弓步时首先前腿脚尖要找好方向，膝盖对正脚尖方向，膝不要里扣外摆；小腿与地面垂直为好，不要刻意前弓以膝盖找脚尖，更不要动辄弓步时膝盖逾越脚尖。尤其是一腿支撑体重，另一腿上步时，支撑腿的膝盖不要内扣到脚内侧，膝盖找脚尖是最基本的正确方法；尾骨不要在上步前就先行对正上步的方向，这样会导致支撑腿在拧转的状态下承压，长此以往会严重损伤半月板。

（4）杨式太极拳实腿碾转时，重心微向后移，脚掌要虚，实腿要松活，以脚跟为轴，膝盖上提，劲力向上虚领（目的是在碾转过程中不要将体重压在实腿上），以腰胯带动膝盖稳稳地领住脚尖碾转，在碾转过程中，膝盖与脚尖始终是在同一方向上。关于正确的练习方法，可参考第二章传统技法中第二节里的碾步摩转的内容。

（5）松则灵，灵则活，练拳时周身要放松。同柔软的绳索可以拧成麻花，而钢筋则难以扭转是一个道理。在摆脚转体的过程中，前脚掌一落后脚跟即抬，将拧劲消除在脚底与地面之中。练习太极拳宜松慢稳匀，要避免突然加速、快速屈伸膝关节动作，减少膝关节损伤机率。太极拳由松沉而轻灵，但是不要在练拳时将体重压在支撑腿上，松沉不是压体重。

（6）人有个体差异，有的人骨骼健壮，而有的人骨质疏松，随着年龄的增长差异更大。练太极拳要选择适合自己的套路去练，同时还要注意不要过量，在练习方法正确的前提下，刚开始练习时会出现腿部酸疼的现象，一般坚持四五天或一星期即可好转。坚持一段时间后，以每天练习完休息一夜，第二天不觉疲劳、精神舒爽为好。另外，年纪大的拳友每周要休息一到两天。

（7）注意膝部的保暖。练拳全身关节都活动开了，汗毛孔舒张，此时最忌着凉，千万不要随地一坐，尤其忌往水泥地上坐，胯、膝、腰、腿都极易受寒。可原地慢慢溜达一下，实在觉得累了就回家。不要过早地脱掉冬装，不要在潮湿阴冷的环境下练拳。

（8）练完拳后适当地拍打、梳理一下，按摩按摩膝关节，放松身心。可以五指钳住髌骨往上提拉，左右转动，或向下用五指按压髌骨四周的穴位。

（9）可以在不负重条件下进行一些简单易行的动作。如平躺在床上主动伸、屈膝关节（空蹬自行车的动作）。坚持每天早、晚各一次，每次10分钟。充分活动关节可使髌骨关节面各个部分都受到刺激，润滑液营养成分能均匀渗透到软骨组织中去，增强关节的润滑作用。

（10）平时多吃含维生素、蛋白质的食物，如水果、青菜、肉类、海鲜等。必要时可以遵照医嘱口服一些保健药物。

只要长期坚持按正确的方法练太极拳，日积月累，膝关节周围的肌肉、韧带会越来越强健，它们会有力地包裹在膝关节周围，在你运动时对膝关节起到良好的保护作用。

最后一点，在练习太极拳时，哪里酸痛就是哪里没有放松，如果是腿部肌肉酸痛，不是因为以前练得少就是练时没放松，如果是膝关节疼痛就要注意是不是方法有问题，如果长时间地疼痛且伴有肿胀，则应及早去看医生，拍个片子诊断一下，千万不要耽误，以免造成终身遗憾。在确诊关节没问题只是软组织损伤时，要积极配合医生治疗，在有症状治疗期间，活动时戴上护膝加以保护，不失为一种好的方法。但是不活动时一定要摘掉护膝，保持血液正常流通。

二、推手注意防止运动伤害

推手就是斗智斗勇的力学游戏，既是游戏就要遵守游戏规则。太极门各家都有太极推手技艺的传承，各家有各家的长处。江湖上有句话叫"好汉打不出村去"，本事再大，功夫再强，人外有人，天外有天。很少能看到高手之间过招，高手相遇，多是互相尊重礼让，互相留有余地。

太极推手双方力量悬殊大的时候，推手场面很漂亮，双方实力相差少，尤其是在竞技场上，想赢怕输，免不了搂搂抱抱、撕皮摞肉的，场面不好看。太极拳是聪明人练的拳，是智慧拳，太极推手要放得下，在推手中着重练自己身上的功夫，不以输赢为目的，这样才能得到太极的重生。

杨式太极拳的推手讲究不抓不攥、不拿反关节，抓、攥对手，抓得越紧，自己吃亏越大，擒拿手法对化劲好的太极高手是不起作用的，遇到不会化的生手，可能会对对方造成伤害。如果遇到力大生猛的，自己化劲不够，则用力越大，摔得越狠。

学习太极推手各个年龄段的人都有，要做适合自己年龄和身体状况的事儿，在推手中不逞强斗狠，友善交往。逐渐推手招法熟悉了，水平上来了，对方能承受两分力，发出两分力即可，不以把对手打得跌扑出去为荣，在出手发放的同时，随时可以为对方做出保护动作，这才是真正的太极高手。

第六章 太极拳经拳论精选

一、张三丰太极拳歌诀六首（山右王宗岳解）

歌诀一

顺项贯顶两膀松	虚灵顶劲，气沉丹田。两背松，然后窒。
束肋下气把裆撑	提顶吊裆，心中力量。
背脊开劲两捶争	开合按势怀中抱，七星势视如车轮，柔而不刚。彼不动，己不动，彼微动，而己意先动。
五指抓地上弯弓	由脚而腿，由腿而身，练如一气。如转鹘之鸟，如猫擒鼠。发动如弓发矢，正其四体，步履要轻随，步步要滑齐。

歌诀二

举步轻灵神内敛	一举动，周身俱要轻灵，尤须贯串。气宜鼓荡，神宜内敛。
莫教断续一气研	无使有凸凹处，无使有断续处。其根在脚，发于腿，主宰于腰，形于手指。由脚而腿而腰，总须完整一气。向前退后，乃得机得势，有不得机得势处，身便散乱，其病必于腰腿间求之。
左宜右有虚实处	虚实宜分清楚，一处自有一处虚实，处处总此一虚实。周身节节贯串，无令丝毫间断耳。

意上寓下后天还	上下前后左右皆然。凡此皆是意，不在外面。有上即有下，有前即有后，有左即有右。如意要向上，即寓下意，譬如将植物掀起，而加以挫之之力。其根自断，损坏之速乃无疑。

歌诀三

拿住丹田练内功	拿住丹田之气，练住元形，能打哼哈二气。
哼哈二气妙无穷	气贴背后，敛入脊骨。静动全身，意在蓄神，不在聚气，在气则滞。内三合，外三合。
动分静合屈伸就	太极者，无极而生，动静之机，阴阳之母也。动之则分，静之则合。无过不及，随屈就伸。
缓应急随理贯通	人刚我柔谓之"走"，我顺人背谓之"黏"。动急则急应，动缓则缓随。虽变化万端，而理为之一贯。由招熟而渐至懂劲，由懂劲而阶及神明。然非用力之久，不能豁然贯通焉。

歌诀四

忽隐忽现进则长	虚领顶劲，气沉丹田，不偏不倚，忽隐忽现。左重则左虚，右重则右杳。仰之则弥高，俯之则弥深。进之则愈长，退之则愈促。
一羽不加至道藏	一羽不能加，蝇虫不能落。人不知我，我独知人。英雄所向无敌，盖皆由此而及也！
手慢手快皆非似	斯技旁门甚多，虽势有区别，概不外壮欺弱，慢让快耳。有力打无力，手慢让手快，是皆先天自然之能，非关学力而有为也。
四两拨千运化良	察四两拨千斤之句，显非力胜。观耄耋能御众之形，快何能为。立如平准，活似车轮。偏沉则随，双重则滞。每见数年纯功，不能运化者，率皆自为人所制，

双重之病未悟耳。欲避此病，须知阴阳。黏即是走，走即是黏。阴不离阳，阳不离阴，阴阳相济，方为懂劲。懂劲后愈练愈精，默识揣摩，渐至从心所欲。本是"舍己从人"，多误"舍近求远"。所谓"差之毫厘，谬以千里"，学者不可不详辨焉！是为论。此论句句切要，并无一字陪衬。非有夙慧之人，未能悟也。先师不肯妄传，非独择人，亦恐枉费工夫耳。

歌诀五

极柔即刚极虚灵	极柔软，然后极坚刚。能呼吸，然后能灵活。气以直养而无害，劲以曲蓄而有余。
运若抽丝处处明	全身意在精神，不在气。有气者无力，无气者纯刚。气如车轮，腰似车轴。似松非松，将展未展，劲断意不断，藕断丝亦连。
开展紧凑乃缜密	心为令，气为旗，腰为纛，先求开展，后求紧凑，乃可臻于缜密矣。
待机而动如猫行	牵动往来，气贴背，敛入脊骨。内固精神，外示安逸。迈步如猫行，运劲如抽丝。

歌诀六

掤捋挤按四方正，采挒肘靠斜角成。
乾坤震兑乃八卦，进退顾盼定五行。

王宗岳解：长拳者，如长江大河，滔滔不绝也。十三势者，掤捋挤按採挒肘靠，此八卦也。进步、退步、左顾、右盼、中定，此五行也。合而言之，曰十三势。掤捋挤按，即坎离震兑，四正方也；採挒肘靠，即乾坤艮巽，四斜角也。进退顾盼定，即水火金木土也。

以上系三丰祖师所著，欲天下豪杰延年益寿，不徒作技艺之末也。

二、王宗岳太极拳论

太极拳释名

太极拳，一名长拳，又名十三势。

长拳者，如长江大海，滔滔不绝也。十三势者，分掤、捋、挤、按、採、挒、肘、靠、进、退、顾、盼、定也。

掤、捋、挤、按，即坎、离、震、兑，四正方也；採、挒、肘、靠，即乾、坤、艮、巽，四斜角也，此八卦也。进步、退步、左顾、右盼、中定，即金、木、水、火、土也，此五行也。合而言之，曰十三势。

太极拳论

太极者，无极而生，动静之机，阴阳之母也。动之则分，静之则合。无过不及，随曲就伸。人刚我柔谓之"走"，我顺人背谓之"黏"。动急则急应，动缓则缓随。虽变化万端，而理为一贯。由着熟而渐悟懂劲，由懂劲而阶及神明。然非用力之久，不能豁然贯通焉！

虚领顶劲，气沉丹田，不偏不倚，忽隐忽现。左重则左虚，右重则右杳。仰之则弥高，俯之则弥深。进之则愈长，退之则愈促。一羽不能加，蝇虫不能落。人不知我，我独知人。英雄所向无敌，盖皆由此而及也！

斯技旁门甚多，虽势有区别，概不外壮欺弱，慢让快耳！有力打无力，手慢让手快，是皆先天自然之能，非关学力而有为也！察'四两拨千斤'之句，显非力胜；观耄耋能御众之形，快何能为？

立如平准，活似车轮。偏沉则随，双重则滞。每见数年纯功，不能运化者，率皆自为人制，双重之病未悟耳！

欲避此病，须知阴阳：黏即是走，走即是黏，阴不离阳，阳不离阴；阴阳相济，方为懂劲。懂劲后愈练愈精，默识揣摩，渐至从心所欲。

本是"舍己从人",多误"舍近求远"。所谓"差之毫厘,谬之千里",学者不可不详辨焉!是为论。

三、杨班侯传太极拳九诀

太极拳九诀之一：《全体大用诀》

太极拳法妙无穷,掤捋挤按雀尾生。斜走单鞭胸膛占,回身提手把着封。
海底捞月亮翅变,挑打软肋不容情。搂膝拗步斜中找,手挥琵琶穿化精。
贴身靠近横肘上,护中反打又称雄。进步搬拦肋下使,如封似闭护正中。
十字手法变不尽,抱虎归山採挒成。肘底看捶护中手,退行三把倒转肱。
坠身退走扳挽劲,斜飞着法用不空。海底针要躬身就,扇通臂上托架功。
撇身捶打闪化式,横身前进着法成。腕中反有闭拿手,云手三进臂上攻。
高探马上拦手刺,左右分脚手要封。转身蹬脚腹上占,进步栽捶迎面冲。
翻身白蛇吐信变,採住敌手取双瞳。右蹬脚上软肋踹,左右披身伏虎精。
上打正胸肋下用,双风贯耳着法灵。左蹬脚踢右蹬式,回身蹬脚膝骨迎。
野马分鬃攻腋下,玉女穿梭四角封。摇化单臂托手上,左右用法一般同。
单鞭下势顺锋入,金鸡独立占上风。提膝上打致命处,下伤二足难留情。
十字腿法软骨断,指裆捶下靠为锋。上步七星架手势,退步跨虎闪正中。
转身摆莲护腿进,弯弓射虎挑打胸。如封似闭顾盼定,太极合手式完成。
全体大用意为主,体松气固神要凝。

太极拳九诀之二：《十三字行功诀》

十三字:
掤、捋、挤、按、採、挒、肘、靠、进、退、顾、盼、定。
口诀:
掤手两臂要圆撑,动静虚实任意攻。搭手捋开挤掌使,敌欲还着势难逞。

按手用着似倾倒，二把採住不放松。来势凶猛挒手用，肘靠随时任意行。
进退反侧应机走，何怕敌人艺业精。遇敌上前迫近打，顾住三前盼七星。
敌人逼近来打我，闪开正中定横中。太极十三字中法，精意揣摩妙更生。

太极拳九诀之三：《十三字用功诀》

逢手遇掤莫入盘，粘沾不离得着难。闭掤要上採挒法，二把得实急无援。
按定四正隅方变，触手即占先上先。捋挤二法趁机使，肘靠攻在脚跟前。
遇机得势进退走，三前七星顾盼间。周身实力意中定，听探顺化神气关。
见实不上得攻手，何日功夫是体全？操练不按体中用，修到终期艺难精！

太极拳九诀之四：《八字法诀》

三换二捋一挤按，搭手遇掤莫让先。柔里有刚攻不破，刚中无柔不为坚。
避人攻守要採挒，力在惊弹走螺旋。逞势进取贴身肘，肩胯膝打靠为先。

太极拳九诀之五：《虚实诀》

虚虚实实神会中，虚实实虚手行功。练拳不谙虚实理，枉费功夫终无成。
虚守实发掌中窍，中实不发艺难精。虚实自有虚实在，实实虚虚攻不空。

太极拳九诀之六：《乱环诀》

三环九转诀
太极三环九转功，环环盘在手掌中。掌中乱环无定势，点发点落挤虚空。
练拳不在点上用，枉费功夫终无成。七星转环腰腹主，八十一转乱环终。

乱环术法诀
乱环术法最难通，上下随合妙无穷。陷敌深入乱环内，四两千斤着法成。
手脚齐进横竖找，掌中乱环落不空。欲知环中法何在，发落点对即成功。

太极拳九诀之七：《阴阳诀》

太极阴阳少人修，吞吐开合问刚柔。正隅收放任君走，动静变化何须愁。
生尅二法随着用，闪进全在动中求。轻重虚实怎的是，重里显轻勿稍留。

太极拳九诀之八：《十八在诀》

掤在两臂，捋在掌（尺）中，挤在手背，按在腰攻；
採在十指，挒在两肱，肘在屈使，靠在肩胸。
进在云手，退在卷肱，顾在三前，盼在七星，定在有隙，中在得横。
滞在双重，通在单轻。虚在当守，实在必冲。

太极拳九诀之九：《五字经诀》

披从侧方入，闪展无全空。担化对方力，搓磨试其功。
歉含力蓄使，粘沾不离宗。随进随退走，拘意莫放松。
拿闭敌血脉，扳挽顺势封。软非用拙力，掤臂要圆撑。
搂进圆活力，摧坚戳敌锋。掩护敌猛入，撮点致命攻。
坠走牵挽势，继续勿失空。挤他虚实现，摊开即成功。

六合劲

拧裹，钻翻，螺旋，崩砟，惊弹，抖擞。

八要诀

掤要撑，捋要轻，挤要横，按要攻，採要实，挒要惊，肘要冲，靠要崩。

全力法

前足夺后足，后足站前踪。首足成直线，五行主力攻。
打人如亲嘴，手到身要拥。左右一面站，单臂克双功。

四、杨澄甫传太极拳要论

太极拳术十要

杨澄甫口述　陈微明笔录

虚灵顶劲

顶劲者，头容正直，神贯于顶也。不可用力，用力则项强，气血不能流通，须有虚灵自然之意。非有虚灵顶劲，则精神不能提起也。

含胸拔背

含胸者，胸略内含，使气沉于丹田也。胸忌挺出，挺出则气拥胸际，上重下轻，脚跟易于浮起。拔背者，气贴于背也，能含胸则自能拔背，能拔背则能力由脊发，所向无敌也。

松腰

腰为一身之主宰，能松腰然后两足有力，下盘稳固；虚实变化皆由腰转动，故曰："命意源头在腰隙"，有不得力必于腰腿求之也。

分虚实

太极拳术以分虚实为第一义。如全身皆坐在右腿，则右腿为实，左腿为虚；全身皆坐在左腿，则左腿为实，右腿为虚。虚实能分，而后转动轻灵，毫不费力；如不能分，则迈步重滞，自立不稳，而易为人所牵动。

沉肩坠肘

沉肩者，肩松开下垂也。若不能松垂，两肩端起，则气亦随之而上，全身皆不得力矣。坠肘者，肘往下松坠之意，肘若悬起，则肩不能沉，放人不远，近于外家之断劲矣。

用意不用力

太极拳论云：此全是用意不用力。练太极拳全身松开，不使有分毫之拙劲，以留滞于筋骨血脉之间以自缚束。然后能轻灵变化，圆转自如。或疑不用力何以能长力？盖人身之有经络，如地之有沟洫，沟洫不塞而水行，经络不闭则气通。如浑身僵劲满经络，气血停滞，转动不灵，牵一发而全身动矣。若不用力而用意，意之所至，气即至焉。如是气血流注，日日贯输，周流全身，无时停滞。久久练习，则得真正内劲，即太极拳论中所云"极柔软，然后极坚刚"也。太极拳功夫纯熟之人，臂膊如绵裹铁，分量极沉；练外家拳者，用力则显有力，不用力时，则甚轻浮。可见其力乃外劲浮面之劲也。不用意而用力，最易引动，不足尚也。

上下相随

上下相随者，即太极拳论中所云"其根在脚，发于腿，主宰于腰，形于手指，由脚而腿而腰，总须完整一气"也。手动、腰动、足动，眼神亦随之动，如是方可谓之上下相随，有一不动，即散乱也。

内外相合

太极拳所练在神，故云："神为主帅，身为驱使。"精神能提得起，自然举动轻灵。架子不外虚实开合。所谓开者，不但手足开，心意亦与之俱开，所谓合者，不但手足合，心意亦与之俱合，能内外合为一气，则浑然无间矣。

相连不断

外家拳术，其劲乃后天之拙劲，故有起有止，有续有断，旧力已尽，新力未生，此时最易为人所乘。太极拳用意不用力，自始至终，绵绵不断，周而复始，循环无穷。原论所谓"如长江大河，滔滔不绝"，又曰"运劲如抽丝"，皆言其贯串一气也。

动中求静

外家拳术，以跳踯为能，用尽气力，故练习之后，无不喘气者。太极拳以静御动，虽动犹静，故练架子愈慢愈好。慢则呼吸深长，气沉丹田，自无血脉偾张之弊。学者细心体会，庶可得其意焉。

太极拳之练习谈

杨澄甫口述　张鸿逵笔录

中国之拳术，虽派别繁多，要知皆寓有哲理之技术，历来古人穷毕生之精力，而不能尽其玄妙者，比比皆是，学者若费一日之功力，即得有一日之成效，日积月累，水到渠成。

太极拳，乃柔中寓刚、绵里藏针之艺术，于技术上、生理上、力学上，有相当之哲理存焉。故研究此道者，须经过一定之程序与相当之时日，虽然良师之指导、好友之切磋，固不可少，而最紧要者，是在逐日自身之锻炼。否则谈论终日，思慕经年，一朝交手，空洞无物，依然是门外汉者，未有逐日功夫。古人所谓，终思无益，不如学也。若能晨昏无间，寒暑不易，一经动念，即举摹练，无论老幼男女，及其成功则一也。

近来研究太极拳者，由北而南，同志日增，不禁为武术前途而喜。然同志中，专心苦练，诚心向学，将来不可限量者，固不乏人，但普通不免入于两途，一则天才既具，年力又强，举一反三，颖悟出群，惜乎稍有小成，便是满足，遽尔中辍，未能大受；其次急求速效，忽略而成，未经一载，拳、剑、刀、枪皆已学全，虽能依样葫芦，而实际未得此中三味，一经考究其方向动作，上下内外，皆未合度，如欲改正，则式式皆须修改，且朝经改正，而夕已忘却。故常闻人曰："习拳容易改拳难。"此语之来，皆由速成而致此。如此辈者，以误传误，必致自误误人，最为技术前途忧者也。

太极拳开始，先练拳架。所谓拳架者，即照拳谱上各式名称，一式一式由师指教，学者悉心静气，默记揣摹，而照行之，谓之练架子。此时学者应注意内外上下：属于内者，即所谓用意不用力，下则气沉丹田，上则虚灵顶劲；属于外者，周身轻灵，节节贯串，由脚而腿而腰，沉肩曲肘等是也。初学之时，先此数句，朝夕揣摹，而体会之，一式一手，总需仔细推求，举动练习，务求正确。习练既纯，再求二式，于是逐渐而至于习完。如是则毋事改正，日久亦不致更变要领也。

习练运行时，周身骨节，均须松开自然。其一，口腹不可闭气；其二，四肢腰腿，不可起强劲。此二句，学内家拳者，类能道之，但一举动，一转身，或踢腿摆腰，其气喘矣，其身摇矣，其病皆由闭气与起强劲也。

（1）摹练时头部不可偏侧与俯仰，所谓要"头顶悬"，若有物顶于头上之意，切忌硬直，所谓悬字意义也。目光虽然向前平视，有时当随身法而转移，其视线虽属空虚，亦为变化中一紧要之动作，而补身法手法之不足也。其口似开非开，似闭非闭，口呼鼻吸，任其自然。如舌下生津，当随时咽入，勿吐弃之。

（2）身躯宜中正而不倚，脊梁与尾闾，宜垂直而不偏；但遇开合变化时，有含胸拔背、沉肩转腰之活动，初学时节须注意，否则日久难改，必流于板滞，功夫虽深，难以得益致用矣。

（3）两臂骨节均须松开，肩应下垂，肘应下曲，掌宜微伸，手尖微曲，以意运臂，以气贯指，日积月累，内劲通灵，其玄妙自生矣。

（4）两腿宜分虚实，起落犹似猫行。体重移于左者，则左实，而右脚谓之虚；移于右者，则右实，而左脚谓之虚。所谓虚者，非空，其势仍未断，而留有伸缩变化之余意存焉。所谓实者，确实而已，非用劲过分、用力过猛之谓。故腿曲至垂直为准，逾此谓之过劲。身躯前扑，即失中正姿势。

（5）脚掌应分踢腿（谱上左右分脚或写左右起脚）与蹬脚二式。踢腿时注意脚尖，蹬腿时则注意全掌，意到而气到，气到而劲自到，但腿节均须松开平稳出之，此时最易起强劲，身躯波折而不稳，发腿亦无力矣。

太极拳之程序，先练拳架（属于徒手），如太极拳、太极长拳；其次单手推挽、原地推手、活步推手、大捋、散手；再次则器械，如太极剑、太极刀、太极枪（十三枪）等是也。

练习时间，每日起床后两遍，若晨起无暇，则睡前两遍。一日之中，应练七八次，至少晨昏各一遍。但醉后，饱食后，皆宜避忌。

练习地点，以庭园与厅堂，能通空气，多光线者为相宜。忌直射之烈风与有阴湿霉气之场所，因身体一经运动，呼吸定然深长，故烈风与霉气，如深入腹中，有害于肺脏，易致疾病也。练习之服装，宜宽大之中服短装与阔头之布鞋为相宜。习练经时，如遇出汗，切忌脱衣裸体，或行冷水楷抹，否则未有不癯疾病也。

论太极推手

杨澄甫口述　陈微明笔录

　　世间练太极者，亦不在少数。宜知分别纯杂，以其味不同也。纯粹太极，其臂如棉裹铁，柔软沉重。推手之时，可以分辨。其拿人之时，手极轻而人不能过。其放人之时，如脱弹丸，迅速干脆，毫不受力。被跌出者，但觉一动，并不觉痛，已跌出丈余矣。其粘人之时，并不抓擒，轻轻粘住，即如胶而不能脱，使人双臂酸麻不可耐。此乃真太极也。若用力按人推人，虽亦可以制人，将人打出。然自己终未免吃力，受者亦觉得甚痛，虽打出亦不能干脆。反之，吾欲以力擒制太极拳能手，则如捕风捉影，处处落空。又如水上踩葫芦，终不得力。

五、李亦畬五字诀

一曰心静

　　心不静，则不专一。一举手，前后左右全无定向，故要心静。起初举动未能由己，要悉心体认。随人所动，随曲就伸，不丢不顶，勿自伸缩。彼有力我亦有力，我力在先；彼无力我亦无力，我意仍在先。要刻刻留心。挨何处，心要用在何处；须向不丢不顶中讨消息。从此做去，一年半载便能施于身。此全是用意，不是用劲。久之，则人为我制，我不为人制矣。

二曰身灵

　　身滞，则进退不能自如，故要身灵。举手不可有呆像，彼之力方碍我皮毛，我之意已入彼骨里。两手支撑，一气贯穿。左重则左虚，而右已去；右重则右虚，而左已去。气如车轮，周身俱要相随。有不相随处，身便散乱，便不得力，其病于腰腿求之。先以心使身，从人不从己。后身能从心，由己仍是从人。由己则滞，从人则活。能从人，手上便有分寸：秤彼劲之大小，分厘不错；权彼来之长短，毫发无差。前进后退，处处恰合；工弥久，而技弥精矣。

三曰气敛

气势散漫，便无含蓄，身易散乱。务使气敛入脊骨，呼吸通灵，周身无间。吸，为合为蓄；呼，为开为发。盖吸则自然提得起，亦拿得人起；呼则自然沉得下，亦放得人出。此是以意运气，非以力运气也。

四曰劲整

一身之劲，练成一家，分清虚实。发劲要有根源。劲起于脚根，主宰于腰，形于手指，发于脊背。又要提起全副精神。于彼劲将出未发之际，我劲已接入彼劲，恰好不后不先。如皮燃火，如泉涌出。前进后退，无丝毫散乱。曲中求直，蓄而后发，方能随手奏效。此谓"借力打人，四两拨千斤"也。

五曰神聚

上四者俱备，总归神聚。神聚，则一气鼓铸。练气归神，气势腾挪，精神贯注；开合有数，虚实清楚。左虚，则右实；右虚，则左实。虚非全然无力，气势要有腾挪；实非全然占煞，精神要贵贯注。紧要全在胸中腰间运化，不在外面。力从人借，气由脊发。胡能气由脊发？气向下沉，由两肩收于脊骨，注于腰间，此气之由上而下也，谓之合。由腰形于脊骨，布于两膊，施于手指，此气之由下而上也，谓之开。合便是收，开即是放。能懂得开合，便知阴阳。到此地位，工用一日，技精一日，渐至从心所欲，无不如意矣。

六、清代杨家传抄老拳谱

太极正功解

太极者圆也，无论内外、上下、左右，不离此圆也。
太极者方也，无论内外、上下、左右，不离此方也。

圆之出入，方之进退，随方就圆之往来也。方为开展，圆为紧凑。方圆规矩之至，其孰能出此以外哉！

如此得心应手，仰高钻坚，神乎其神，见隐显微，明而且明，生生不已，欲罢不能矣！

黏粘连随解

粘者，提上拔高之谓也。黏者，留恋缱绻之谓也。

连者，舍己无离之谓也。随者，彼走此应之谓也。

要知，人之知觉运动，非明粘、黏、连、随不可。斯粘黏连随之功夫，亦甚细矣！

顶匾丢抗解

顶者，出头之谓也。匾者，不及之谓也。

丢者，离开之谓也。抗者，太过之谓也。

要知于此四字之病，不但粘黏连随之功断，且不明知觉运动也。初学对手，不可不知也！更不可不去此病。所难者粘黏连随，而不许顶匾丢抗，是所不易也！

太极轻重浮沉解

双重为病，干于填实，与沉不同也；双沉不为病，自尔腾虚，与重不一也。

双浮为病，只如飘渺，与轻不例也；双轻不为病，天然轻灵，与浮不等也。

半轻半重不为病；偏轻偏重为病。半者，半有着落也，所以不为病；偏者无着落也，所以为病。偏无着落，必失方圆；半有着落，岂出方圆？

半浮半沉为病，失于不及也；偏浮偏沉，失于太过也。

半重偏重，滞而不正也。半轻偏轻，灵而不圆也。

半沉偏沉，虚而不正也。半浮偏浮，茫而不圆也。

夫双轻不近于浮，则为轻灵。双沉不近于重，则为离虚。故曰"上手"。轻重半有着落则为"平手"。除此三者之外，皆为"病手"。

盖内之虚灵不昧，能致于外之清明，流行乎肢体也。若不穷研轻重、浮沉之手，徒劳掘井不及泉之叹耳！

然有方圆四正之手，表里精粗无不到，则以极大成，又何云四隅出方圆矣！所谓方而圆，圆而方，超乎象外，得其寰中之"上手"也。

太极尺寸分毫解

功夫先炼开展，后炼紧凑。开展成而得之，才讲紧凑；紧凑得成，才讲尺、寸、分、毫。由尺住之功成，而后能寸住、分住、毫住。此所谓尺寸分毫之理也明矣！

然尺必十寸，寸必十分，分必十毫，其数在焉！故云：对待者，数也。知其数，则能得尺寸分毫也。要知其数，必秘授，而能量之者哉！

对待用功法守中土

俗名（站桩）

定之方中足有根，先明四正进退身。

掤捋挤按自四手，须费功夫得其真。

身形腰顶皆可以，粘黏连随意气均。

运动知觉来相应，神是君位骨肉臣。

分明火候七十二，天然乃武并乃文。

身形腰顶

身形腰顶岂可无，缺一何必费功夫！

腰顶穷研生不已，身形顺我自伸舒。

舍此真理终何极？十年数载亦糊涂！

太极圈

退圈容易进圈难，不离腰顶后与前。
所难中土不离位，退易进难仔细研。
此为动功非站定，倚身进退并比肩。
能知水磨催急缓，云龙风虎象周旋。
要用天盘从此觅，久而久之出天然。

太极阴阳颠倒解

阳、乾、天、日、火、离、放、出、发、对、开、臣、肉、用、气、身、武、立命、方、呼、上、进、隅。

阴、坤、地、月、水、坎、卷、入、蓄、待、合、君、骨、体、理、心、文、尽性、圆、吸、下、退、正。

盖颠倒之理，水、火二字详之，则可明。如火炎上、水润下者，若能使火在下而用水在上，则为颠倒。然非有法治之则不得矣！

譬如水入鼎内，而置火之上，鼎中之水得火以燃之，不但水不能下润，藉火气，水必有温时。火虽炎上，得鼎以隔之，是为有极之地，不使炎上之火无止息，亦不使润下之水永渗漏。此所谓水火既济之理也，颠倒之理也。

若使任其火炎上、水润下，必至水火分为二，则为水火未济也。

故云：分而为二、合之为一之理也。故云：一而二、二而一，总斯理为三，天、地、人也。

明此阴阳颠倒之理，则可与言道；知道不可须臾离，则可与言人；能以人弘道，知道不远人，则可与言天地同体。上天，下地，人在其中矣！

苟能参天察地，与日月合其明，与五岳、四渎华朽，与四时之错行，与草木并枯荣，明鬼神之吉凶，知人事之兴衰，则可言乾坤为一大天地、人为一小天地也。

夫如人之身心，致之格物于天地之知能，则可言人之良知、良能。若思不失固有，其功用浩然正气，直养无害，悠久无疆矣！

所谓人身生成一小天地者，天也、性也、地也、命也、人也、虚灵也、神也，若不明之者，乌能配天地为三乎？然非尽性立命、穷神达化之功，胡为乎来哉！

八劲详解

掤劲义何解，如水负舟行，先实丹田气，次要顶头悬。
周身弹簧力，开合一定间，任有千斤重，飘浮亦不难。
捋劲义何解，引导使之前，顺其来时力，轻灵不丢顶。
引之使延长，力尽自然空，重心自维持，莫被他人乘。
挤劲义何解，用时有两方，直接单纯力，迎合一劲中。
间接反应力，如球撞壁还，又如钱投鼓，跃然声铿锵。
按劲义何解，运用似水行，柔中寓刚强，急流势难当。
遇高则膨满，逢洼向下潜，波浪有起伏，有孔无不入。
采劲义何解，如权之引衡，任你力巨细，权后知轻重。
轻移只四两，千斤亦可平，若问理何在，杠杆之作用。
挒劲义何解，旋转若飞轮，投物于其上，脱然掷丈寻。
君不见漩涡，卷浪若螺纹，落叶堕其上，倏尔便沉沦。
肘劲义何解，方法有五行，阴阳分上下，虚实须辨清。
连环势莫挡，开花捶更凶，六劲融通后，运用始无穷。
靠劲义何解，其法分肩背，斜飞势用肩，肩中还有背。
一旦得机势，轰然如捣碓，仔细维重心，失中徒无功。

后 记

武术界有"一力降十会,一巧破千斤"的说法,功力可补技法不足,步法可补功力不足,眼神可补身法、手法之不足。太极拳是以深试浅的功夫,一层功夫一层理,在推手竞赛中想赢人时,用其他手段和方法补充自己太极功夫的不足是常见的事。推手中赢了,未必用的就是太极功夫。

俗话说"好汉打不出村去",在本村可以称王称霸,出了村,天外有天,人外有人。各门各派都有看家的一技之长,再好的功夫自己修炼不到身上,也只是纸上谈兵。

练太极拳最终身体要发生质的改变。石头孵不出小鸡来,鸡蛋也未必能孵出小鸡,先决条件是鸡蛋必须是受精卵,必须在一定温度下萌动了,才能孵出小鸡。学习太极拳也是这样,想真正进得太极门,要有悟性,要有平和的心态,要懂科学。三分练,七分悟,按正确的方法练十遍,不按错误的方法练一百遍。

学习太极拳切忌急于求成,速成只是表面现象,说太极拳能速成,是降低了太极拳"成"的标准,所以不要被速成忽悠。

太极拳呼唤文化,用科学的方法解读太极拳、纪录太极拳。传统精华要流传,陋习糟粕要摈弃。太极拳既是简洁、朴实的,又是纷华、高深的,给人以探究的巨大空间。

尊师重道是学习太极拳首先要端正的思想。老虎跟猫学艺,猫没教老虎上树,不是猫留了一手,而是老虎没给猫教它上树的机会。稍有所得便离经叛道、妄自尊大,这是学拳做人的大忌。

学习太极拳的过程是艰苦的,是在不断地否定之否定的过程中一步步提高。当经过努力一步步迈入太极圣殿成为名家时,更需要与志同道合者一起交流、更深入地研究,然而,名家中这种交流少之又少。缺少交流,周游在名利场是影响名家成为明家的阻碍，也是太极拳少有人进入高级阶段的阻碍。

所谓功夫就是花了时间，长了本事。现代人再也出不来杨家前辈那种功夫，练的内容不够多，花的时间不够长，实战机会又没有，所以真正顶级的太极功夫如今已经不存在了。

太极拳是太极爱好者一辈子的追求，思想上的修行，身体内在质的优化都在学练太极拳过程中发生改变。徐长洪师傅说得好："天才能有几人，都是普通人，普通人就做普通事。"太极天才更是凤毛麟角。人有聪明和愚钝，心怀一份尊重，认认真真地学练了，练到什么份上都是幸福的、享受的。

在文化宫练拳时总是有人来问：有书吗？没有。有盘吗？也没有。此书刊印发行，完成了曹彦章先生的宿愿，弥补了本门中的缺憾，师门之万幸。

李亚萍

2016年11月于北京

参 考 文 献

［1］杨澄甫. 太极拳术、太极拳使用法//太极拳选编［M］. 北京市中国书店出版，1984.

［2］杨澄甫. 太极拳体用全书//杨澄甫式太极拳［M］. 中国国际广播出版社，2000.

［3］太极拳谱沈寿点校考释［M］. 北京：人民体育出版社，1995.

［4］于志均. 中国太极拳史［M］. 北京：中国人民大学出版社，2012.

［5］吉良辰. 中国气功探秘［M］. 北京：人民卫生出版社，1996.

［6］陈小野. 舒展层次·入静养生的原理［M］. 北京：中医古籍出版社，2009.

［7］孙文新. 现代体能训练核心力量训练方法［M］. 北京：北京体育大学出版社，2012.

［8］齐德居. 太极拳体用论据［M］. 北京：北京体育大学出版社，2013.

［9］李亚萍. 杨式太极拳108式拳谱的研究与整理［J］. 中华武术研究，2014（9）.

图书在版编目（CIP）数据

传统杨式太极拳 108 式精要·筑基进阶 / 李亚萍著.
- 北京：人民体育出版社，2018
ISBN 978-7-5009-5355-5

Ⅰ. ①传… Ⅱ. ①李… Ⅲ. ①太极拳-基本知识
Ⅳ. ①G852.11

中国版本图书馆 CIP 数据核字（2018）第 073483 号

*

人民体育出版社出版发行
中国铁道出版社印刷厂印刷
新 华 书 店 经 销

*

787×960　16 开本　　22 印张　352 千字
2018 年 8 月第 1 版　2018 年 8 月第 1 次印刷
印数：1—5,000 册

*

ISBN 978-7-5009-5355-5
定价：70.00 元

社址：北京市东城区体育馆路 8 号（天坛公园东门）
电话：67151482（发行部）　　　邮编：100061
传真：67151483　　　　　　　邮购：67118491
网址：www.sportspublish.cn
（购买本社图书，如遇有缺损页可与邮购部联系）